U0608560

融媒体时代新闻传播理论与方法研究

李悦悦　著

中国原子能出版社

图书在版编目（CIP）数据

融媒体时代新闻传播理论与方法研究 / 李悦悦著.

北京：中国原子能出版社，2024. 9. -- ISBN 978-7

-5221-3664-6

Ⅰ. G210

中国国家版本馆 CIP 数据核字第 20241KF611 号

融媒体时代新闻传播理论与方法研究

出版发行　中国原子能出版社（北京市海淀区阜成路 43 号　　100048）

责任编辑　张　磊

责任印制　赵　明

印　　刷　北京厚诚则铭印刷科技有限公司

经　　销　全国新华书店

开　　本　787 mm×1092 mm　1/16

印　　张　12.25

字　　数　190 千字

版　　次　2024 年 9 月第 1 版　2024 年 9 月第 1 次印刷

书　　号　ISBN 978-7-5221-3664-6　　　　定　价　**78.00 元**

前　言

　　信息技术和网络技术的持续进步，为媒体行业的深入发展奠定了坚实的技术基础，催生了众多新兴媒体形态，从而推动了融媒体时代的到来。在此背景下，媒介融合已逐渐成为行业发展的主流趋势。深入分析媒介融合背景下的新闻传播发展，不仅有助于新闻传播行业的进步，更能推动我国新闻媒体行业的持续创新与优化。融媒体时代，是一个以媒介融合、技术创新和内容多元化为特征的时代。传统媒体与新兴媒体的深度融合，不仅改变了新闻的生产方式，更重塑了信息的传播路径和受众的接收习惯。因此，新闻传播的理论与方法急需创新与重构，以适应时代的发展需求。

　　科技的迅猛发展和互联网的广泛普及，使我们迎来了融媒体时代。这一时代不仅深刻改变了新闻传播的面貌，更为新闻传播理论与方法的研究带来了前所未有的机遇与挑战。在此背景下，深入探究融媒体时代新闻传播的理论与方法，对于提升新闻传播效果、增强社会影响力，以及推动文化的高质量传播，具有深远的意义。

　　本书致力于探讨融媒体时代新闻传播的理论与实务。通过系统性地分析和研究，本书旨在帮助读者更深入地理解这一时代背景下的新闻传播特点、规律及方法。本书适用于新闻传播学领域的学者、教师、学生，以及新闻从业者，期望能为他们在理论研究和实务操作中提供有价值的参考和借鉴。

在撰写本书的过程中，作者参考并借鉴了丰富的相关资料，在此向这些资料的作者表示衷心的感谢。同时，本书的撰写也得到了众多专家和同行的支持与帮助，在此一并表示感谢。由于作者水平有限，加之撰写时间紧迫，书中难免存在疏漏之处，恳请广大读者批评指正。

目　录

第一章　新闻传播发展背景——媒介融合

第一节　跨媒体与媒介融合

一、媒介融合的多维视角

在 20 世纪 80 年代，美国首次提出了媒介融合的观念。顾名思义，媒介融合是指将原本属于不同类型的媒介进行整合。然而，关于媒介融合的定义多种多样，至今尚未形成一个被广泛接受的定义。浦尔教授认为，媒介融合代表了各种媒介多功能整合的趋势。而美国新闻学会媒介研究中心的主任安德鲁·纳齐森对"融合媒介"的定义是："印刷、音频、视频和互动数字媒体组织间的策略性、操作性和文化性的合作联盟。"他特别指出，"融合媒介"中最引人注目的是不同媒介间的协同合作方式，而非各种媒介的操作界面。

媒介融合首先涉及传播技术的整合，即当两种或更多技术合并时，会产生一种新的传播技术。这种新的传播技术既具有独特的技术属性，又有其独到之处，因此，由这种融合产生的新传播技术和新媒介的作用远超过之前各部分的总和。然而，媒介融合不仅限于技术层面，更关键的是传媒组织结构的转变，以及由此引发的经营模式和传媒内容的演变，即从单一生产模式向多元化和集约化生产模式的转型。

"媒介融合"是一个研究范围非常广泛的领域，提供了多种不同的研究视角，包括技术融合、媒介所有权融合、媒介文化融合、媒介组织结构融合，以及新闻采编技能融合等多个方面。

二、媒介融合的五种类型与模式

① 所有权融合：大型传媒集团具备多种媒介类型，使得它们能够在同一地区的报纸、广播电台、电视台和网站上实现内容的相互推广和资源共享。

② 策略性融合：不同所有权的媒体在内容上实现共享，例如，属于不同媒体集团的报纸和电视台可以合作，互相推广内容并共享新闻资源。

③ 结构性整合：与新闻的收集和分发方式密切相关。在这种合作模式下，报纸的编辑和记者可能会作为专家前往合作伙伴的电视台制作节目，对新闻进行深度报道和分析。

④ 信息采集融合：在新闻报道层面上，部分新闻从业人员需要运用多媒体融合技术来完成新闻信息的采集工作。具备文字、摄影、视频等多种技能的"超级记者"正是这种类型的职业。

⑤ 新闻表达融合：记者和编辑需要综合运用多媒体工具和技能，与公众互动，以完成新闻事实的表达。

"媒介融合"的分类方式并非一成不变，关键在于如何确定其分类标准。广义上的"媒介融合"涵盖了所有媒介及其相关元素的结合、汇集乃至融合，这不仅包括媒介的形态融合，还涵盖了媒介的功能、传播方式、所有权和组织结构等多个方面的融合。媒介融合是一个持续进化的过程，因此，我们应当根据媒介融合的发展轨迹来进行分类。

三、媒介融合引起传媒变革

（一）业务形态融合：多媒体日益兴起

多媒体化实际上是多种传统单媒体内容在一个平台上的自然融合，它代表了对单媒体业务的延续和创新。多媒体内容不仅是对单一媒体技术和资源的重新组合，更是一种富有创意的融合。

（二）市场融合：产品相互嵌入多元组合

从市场视角出发，数字化技术为各类媒体产品提供了一个统一的平台，从而增加了媒体产品组合的多样性和灵活性。不同的媒体内容能够更为便捷地互相嵌套，这不仅可能出现在相似的产品（例如报纸与报纸、电视与电视）之间，也可能出现在不同的产品之间，跨地区的产品组合也将变得可行。为了满足更加个性化的需求，市场上的产品将推出多种不同的版本。各式各样的产品被整合到一个庞大的市场中，然后根据目标受众的具体需求进行重新组合和分装。

（三）载体融合：发行渠道的"合"与接收终端的"分"

尽管载体的融合被视为媒介融合的核心部分，但这种融合是否意味着各种媒介的完全融合和统一？这一点既是人们最关心的议题，也是最多疑虑的部分。实际上，像电子报纸和电子杂志这样的出版物更多的是通过网络进行传播，而非仅是网络平台。这为我们提供了一个启示，即在一个产品的制造过程中，整合可能并不是最终的追求，而更像是一个步骤或路径。网络不应仅作为各类媒介产品的直接传播平台，而应仅作为这些媒介产品的主要发行途径。这种方法有助于在更广泛的层面上继承传统媒体产品的固有优势，以适应观众现有的阅读、收听和观看习惯。网络作为一种发行途径，有助于减少发行的总成本，加速发行进程，并为发行提供更多的空间。

从当前的情况来看，媒介融合将导致载体的"先合后分"现象，即所有的媒介产品都会被汇集到网络中进行传输，然后再分散到各种不同的接收终端中，这样仍然可以保持媒介产品的多样性。

（四）机构融合：更高层次的再分工

从更广泛的视角看，技术进步将推动网络新闻制作变得更为精细和专业分工更加明确，这也可能在网络新闻的发布渠道和平台上产生新的力量对比，进而促进多种合作模式的形成。从当前的进展来看，网络新闻内容的制作和发布这两个环节可能会在未来变得更加分离，尤其是在多媒体内容方面。

第二节　自媒体与新闻传播

互联网的进步与任何新兴行业的成长都是紧密相连的，而自媒体新闻正是基于互联网而兴起的，它充分利用了互联网的强大优势，迅速扩展并占据了市场份额。在互联网信息技术的推动下，自媒体新闻传播展示了这一新型新闻媒体的独特传播吸引力，并在我国迅速地扎根并持续壮大。自媒体能够在极短的时间内快速发展，与互联网存在着紧密的联系。

一、自媒体新闻传播的特点

自媒体新闻传播不仅继承了互联网信息传播的各种优点，还融合了私人化、平民化、普泛化、自主化、现代化和电子化等多方面的特质，这表明新闻传播正逐渐朝着个性化的方向发展。自媒体新闻以其高速的传播和广泛的覆盖范围，能够满足用户多样化和个性化的需求。众所周知，自媒体新闻传播平台包括博客、公众号、微信和百度等。这些平台不仅拥有新闻传播的独特性质，还具备编辑功能，从而进一步提升了新闻传播的整体效能。

二、自媒体新闻传播对传统媒体的影响

（一）内容方面

传统新闻的传播方式是相对封闭的，读者从传统媒体获取的信息都是经过精心筛选的。这种筛选方式极大地影响了读者对新闻内容范围的期望，并且这些新闻的发布都是在一定的限制条件下进行的。从相对的角度看，自媒体展现出了一定程度的开放性，其新闻内容也更为"自由"和广泛，这极大地满足了读者对于新闻内容范围的期望，而自媒体所展现的这种开放性也覆盖了新闻制作的每一个步骤。自媒体的独特性质，无论是在新闻的选材、采访还是在排版和撰写的各个环节中，都对传统媒体的进步产生了深远的影响。自媒体在其成长过程中，高度依赖社会大众的参与及网络信息技术的进步。鉴于新闻内容具有广泛的群众基础，因此发布的信息更能反映大众的价值观，并能激发更多的社会共鸣，同时也能与社会舆论方向保持高度一致。传统媒体在面对重要新闻时，往往不能迅速地进行报道和发布，这大大限制了其信息传递的时效性。但如果传统媒体能够将网络元素整合到其业务发展中，那么自媒体对传统媒体的影响无疑将成为一种推动力量。

（二）传播对象

随着互联网技术的持续进步，更多的人步入了这个数字化的时代。在这样的网络时代背景下，传统媒体面临的挑战和影响也变得越来越迫切。其中，传播的目标和传播者在新闻传播中所起到的作用是最为关键的。在新

闻传播领域，传统媒体需要经历多个级别的审核才能发布信息，并且在选择新闻内容时，其信息传播的目标群体通常比较有限。由于新媒体拥有面向大众的传播特性，因此能吸引更多读者的目光。在新媒体的传播模式中，用户不仅可以作为信息的传播者，还可以对新闻信息进行二次或多次的传播。这种模式成功地将"传播者"与"接收者"紧密结合，消除了传统媒体中传播者与接收者之间的隔阂。因此，新闻传播者不再是一个神秘的存在，新闻的传播范围也变得更加广泛，这也使得自媒体获得了越来越高的社会认可。

（三）社会舆论

与此相对，传统新闻主要依赖于传统的报纸、广播和电视等媒体渠道，因此，在接受新闻的过程中，接收者只能选择单方面地接受，而无法真正地参与其中，也没有空间和平台来表达他们的观点。自媒体的诞生彻底改变了传统媒体在新闻传播方面的模式。传递者与接收者之间的距离已经不再是遥远的，这在很大程度上推动了角色之间的转变。从社会舆论的角度看，自媒体也为观众提供了一个参与评论的平台。此外，由于自媒体具有高度的自由性和即时性，观众能够接触到更丰富的新闻素材，从而极大地扩展了新闻的覆盖范围。角色互换这一特性让接收者有能力对收到的新闻进行加工和传播，从而使新闻内容变得更加丰富和贴近实际，同时也能对新闻内容进行有效的监管，以驳斥和揭露不实的信息。那些参与新闻传播活动的人很可能会产生强烈的社会责任感，这对社会的全面进步是非常有益的。

三、对自媒体与传统媒体的深思

（一）将新技术植入新闻传播中

新媒体的崛起不仅对传统媒体产生了冲击，同时也为其带来了新的发展机会。深度探索自媒体的潜在优点，并进行必要的优化，可以为传统媒体带来前所未有的繁荣。

在新闻传播领域，创新方法显得尤为关键。尽管自媒体技术在新闻传播上已经展现出了一定的成效，但我们仍需明白，传统媒体引进新技术本质上是一种创新行为。广泛的覆盖范围和高度时效性的网络与无线传播技术是一种与时俱进的传播手段，通过这种方法，可以实现新闻的大规模传播，从而增强传统媒体的影响力。此外，传统媒体在新闻传播领域的长期地位，不仅有助于新技术的引入，还推动了其自身的进一步发展。在现今的社会背景下，微信、微博等社交软件得到了广泛的应用，特别是微信的用户数目正在急速上升。微信平台上的新闻推送能够吸引众多的读者，而采用新型的社交应用软件则能进一步增强传统媒体的影响。

（二）培养和引进新媒体素养的专业新闻传播人才

在自媒体的传播过程中，对于内容的规范性和随意性的要求相对较为宽松，这种便利条件虽然推动了自媒体的发展，但对新闻播报内容的限制相对较小。鉴于自媒体拥有众多的传播途径和广泛的覆盖范围，相关的监管机构也面临着巨大的工作压力。传统媒体的系统化有助于更好地监管，因此在新技术的应用中，传统媒体能够获得更多权威机构的支持。通过培训和吸引具备专业知识的新闻与传播人员，我们可以在某种程度上满足传统媒体的成长需求。此外，人才的积累对于企业的健康成长至关重要，拥有众多的专业人才能够提升传统媒体的影响力。传统媒体有能力与自媒体进行合作，从而实现双方的共赢。在努力提升新闻传播的品质的过程中，我们也更深入地为用户承担责任。通过引进人才机制，企业文化可以得到全面的提升。身为新闻的传播者，所有的媒体机构都肩负着不断提升自己的责任和义务。随着技术日益成熟，新闻从业者能够将自媒体与传统媒体有效结合，为新闻传播带来了前所未有的卓越表现。

第三节　媒介融合的特点

一、技术化与全能化

（一）媒介融合首先是技术的融合

媒介融合首先体现在技术的整合上，数字技术的成熟是媒介融合的核心和直接驱动力。新一代的数字技术、广播技术和信息技术的迅猛发展成为媒介融合的主要驱动力。因此，媒体的融合展现了其独特的技术属性。新媒体如数字报、手机报、网络电视、IPTV、手机电视和卫星移动电视等正在迅速崛起，并与传统媒体深度融合，使得传统媒体和行业之间的界限变得容易被打破。

由于技术的整合，各个产业间的技术进入障碍逐步被消除，这为各个产业提供了统一的技术支撑，导致它们之间的技术界限变得不那么明确，最终催生了产业的整合。电信网络、广播电视网络和计算机网络的高级业务应用实现了三网融合。这种融合在技术层面上呈现出一致性，网络层面上能够实现互联互通，业务层面上可以相互渗透和交叉，而应用层面上则采用统一的通信协议和网络资源，实现了最大程度的资源共享，同时也促进了不同产业的融合。随着数字生活的广泛传播和通信技术的持续进步，融合的定义已经从最初的三网融合扩展到语音、数据、视频和移动的四重整合。这种融合为新通信时代的多个方面提供了最佳解释，包括通信与 IT、移动与固定网络、电信与广播电视、家庭网络与消费电子设备等。从基础层面到应用，从网络到终端，再到后台支持，一切都在向统一方向发展。

（二）媒介融合联结多重功能

显然，每一场传播革命都会把人类引领至一个全新的历史阶段。语言的传播不仅为人类提供了一个交流信息和积累知识的平台，而且它还充当了社会的稳定剂，推动人类从原始时代步入文明社会。书写的传播方式不仅帮助人们记录下他们的经验和思维，还能使人们跨越时间和空间的界限进行更广泛的传播。印刷的传播方式打破了少数人所享有的传播特权，促进了文化和教育的广泛传播，同时也推动了人类从人际传播时代向大众传播时代的转变。电信传播不仅在传播手段上发生了质的转变，它还把人类从区域内的传播时代带入了跨区域的传播时代。交互式传播方式使得人类从过去各自独立的单一传播模式转变为多元化的综合传播，从单一功能的媒体扩展到多功能的媒体，同时也将人类从工业化社会带入了信息化社会。

在媒体融合的时代背景下，不同媒体文化形态之间的竞争和融合展示了多元文化在技术和功能方面的多样性。与其他任何文化形态不同，它并没有明确地界定某一特定文化区域的边界，而是具有强大的技术融合能力，能够在文化的任何一个区域都实现跨文化的融合。它不仅展现了大众文化的精髓，同时也融合了精英文化、世俗文化、高尚文化和娱乐文化的精华，因此展现了一种全面的文化形态。因此，在融合过程中，传媒文化展现出了比过去任何单一媒介文化模式都更加显著的影响力。

二、集约生产与全民协作

（一）变单一的内容生产为集约化生产

媒体的整合已经改变了内容生成和传播的方式。融合媒介代表着各种媒介从各自的独立运营模式转变为多媒介的联合运营模式，目的是尽可能地减少生产成本，这也催生了一种全新的新闻传播方式，即融合新闻。新闻传播活动在融合新闻与传统单一媒体之间存在显著不同，其核心特征在于整合了多种媒体的新闻传播手段，并通过多媒体和多个渠道进行新闻传播。

在媒体融合的时代背景下，文化和传播技术变得更加多元和复杂，那些习惯于传统媒体制作流程的单一机构，很难支撑起多媒体内容制作的全面框架。在一个高度集中和融合的媒体集团环境中，各种不同的媒体能够通过精心设计和控制生产流程来实现资源的重新配置。利用不同类型媒介之间的介质差异，可以在文化生产和传播方面实现资源的共享，同时也能创造出各自不同的产品，从而将竞争转化为合作，进一步壮大和加强。因此，整个传媒行业的组织结构需要在一个全新的层面上进行整合和重组。每一个小型机构都应作为大型机构的一部分，负责完成其擅长的某一特定"组件"或环节。

（二）变传媒组织的内容生产为全民生产

在内容生产的集约化方面，媒介融合不仅体现在媒体组织之间的合作，还体现在全民参与的内容创作中。

在新闻传播和文化生产被传统大众媒体垄断的时代背景下，为新闻媒体提供信息的主体包括政府部门、社会组织和企业团体。而负责新闻信息采集和发布的主要是专业的新闻工作者和被称为"准新闻工作者"的新闻通信员。尽管许多媒体已经设立了热线电话或通过各种信件和访问方式来获取民间信息，但这些信息来源在数量和采用率上都明显落后于前者。随着新媒体的涌现，普通市民获得了前所未有的新闻传播参与机会，他们可以通过手机、博客等工具来发表自己的新闻观点。"草根记者"在全球范围内发布的新闻，在重大突发事件的现场，一次又一次地产生了深远的全球影响。尽管在新闻传播领域，专业的媒介组织仍然是主导力量，但不可忽视的是，新型媒介正在逐渐改变大众传播的模式。现在，一个以个人为中心、个人与多人互动、多人与多人互动的传播网络已经建立起来，传播与受众的一体化将逐渐成为新闻传播的核心特点。所有这些变化都表明，新闻传播的主体正在从职业新闻工作者的独占地位转变为与社会大众共同分享的职业人士。因此，新闻的来源也经历了结构性的转变，更多地从个人媒体转向了大众传媒，普通民众发布的新闻和言论在新闻传播中的占比也逐渐增加。

在传媒文化中，意识形态与权力的斗争被视为核心思想之一。在这个媒体高度融合的时代背景下，全民参与的文化创作打破了少数人在信息传递方面的独占，从而推动了社会多样性和政治民主化的进程，这也进一步加强了受众的选择权和支配权。"这是个人表达和言论自由的首次真正实践。每个人都有机会成为自己的出版者，不会受到任何政治、意识形态、技术、文字或逻辑能力的影响，与过去相比，经济上的限制几乎可以忽略不计"。

与此同时，随着网络影响力的不断增强，政府对网络的监管也变得越来越严格。在信息的生成和传播过程中，传统媒体仍然是主导力量，而网络媒体要想成为主流媒体还需要一段时间。在媒介融合的时代，与单一媒介时代相比，全民参与的内容创作相对于过去的少数人来说，无疑是一种巨大的进步。在以工业为主导的大众传媒时代，人们追求的是自由、平等和合理性。但在信息时代，传媒的融合使得人们受到后现代主义和后资本主义思潮的影响，更加注重福利、享受和精神层面的满足。因此，社会的核心理念转向了服务、消费、沟通和福利。

三、内容融合与渠道融合

（一）内容融合实现内容增值

媒介融合的途径很多，概括起来可以分为内容融合和渠道融合。内容从物理形态上看，可以分为文字、声音、图片、图像等；从媒介载体上看，可以分为报纸、广播、电视、互联网、手机等媒体上的内容。

在数字技术产生以前，传媒产品如报纸主要是文字和图片，广播是音频，电视是视频，这些不同的产品形态是不能直接兼容的。数字技术的产生打破了这些内容产品在技术上的壁垒，不同介质的内容产品都可以进行数字化处理和传输，内容生产逐渐走向融合，实现"一次生产、多次加工、多功能服务、多载体（渠道）传播"。

内容整合的核心目标在于使内容具有更高的附加价值。实现内容增值分为两个主要阶段：首先是在内容生产环节，通过媒介融合来实现通用性生产，这不仅降低了内容生产的成本，还极大地激发了内容的生产力，从而使内容生产达到了更高的效率水平；其次，在内容的应用过程中，相同或近似的内容可以在多个不同的设备上使用，通过内容产品的多级应用可以提高其使用的效率。

内容的生成和应用过程同样涉及内容的收集和分发环节，这两大功能需要整合为一个媒体"内容集成平台"，该平台作为内容增值的工具。MAM 和数据库是媒介资产管理系统中经常使用的内容整合平台。在这个平台上，记者和编辑利用多媒体工具来完成新闻信息的收集、处理和发布。所指的媒介资产管理系统实际上是节目内容平台的核心部分，它融合了音频和视频的数字化、编目、存储、管理、检索和发布等功能。这个系统将所有的内容素材，如音频、文字和图片等，都纳入了统一的管理体系中。那些原先分散的、一次性使用的素材现在可以被充分地利用、存储和分发给各种媒体，这无疑是一种巨大的生产潜力，无论从时间还是经营成本来看，它都能超越那些依赖个人方式的分散内容制作者。

在数字技术的推动下，媒介融合催生了一种基于数据库的内容产业生产模式。该数据库致力于整合、共享和优化新闻信息，以及其他内容资源，为内容资源的增值提供了一个有效的平台。以报纸为例，通常的报纸网站的制作、发布、报纸的采编系统和信息增值服务都离不开数据库平台。该数据库平台涵盖了如检索系统、图像系统、历史报纸资料库、编辑稿库，以及广告资料库等多个部分。

内容的整合彻底改变了新闻传播的传统模式，催生了一种创新的新闻传播方式，即"融合新闻"。"融合新闻"也被称作"多样化新闻"，它的独特之处在于整合了多种媒体的新闻传播活动，并通过多媒体和多种渠道来进行新闻的传播。各种不同类型的媒体，如报纸、电台、电视台、网站和手机等，都汇聚在一个统一的信息处理平台上，进行统一的规划和协调，以互补各自的不足。根据不同媒体和目标受众的特性，对信息进行有针对性的分类和加工，以充分发挥各自的传播优势，并将信息有效地传达给特定的受众。如果某个地方突然发生紧急事件，编辑部会立即向事发地点派遣一个由经验丰富的文字记者、摄影记者、电视摄像记者或精通多种技术手段的"多媒体记者"组成的采访团队。他们迅速地将收集到的信息发送给编辑团队，接着，由擅长各种媒体的编辑在图表制作和设计的网络交互传播专家的协助下，制作出各种不同风格的新闻内容。他们可能首先推出的网站简讯、图片或广播口播新闻，然后可能是电视节目，这些节目能更全面地展示事件的现场情况，最终可能是为报纸提供的深度报道，其中包括更多的文字信息和相关的背景资料介绍。

经过深入的分析，我们得出的结论是，内容融合不仅是技术上的简单创新。它彻底改变了过去内容生产的孤立模式，从单一的线性生产模式转变为大规模的内容生产、内容形态和内容应用的综合融合，形成了数字化的生产模式。这种转变导致了内容生产和传媒组织结构的重大变革，并在内容融合过程中增强了传媒内容的处理、生产和增值服务的能力。

（二）渠道融合打造跨媒体、跨地域传媒集团

数字化技术消除了不同传媒媒介的边界，使各种传媒路径展现出相互融合的趋势。报业集团与广电集团有潜力成长为具备多种传播工具的跨媒体和跨地区的传媒集团。在传媒内容制作的整个流程中，渠道的整合起到了关键作用，尤其是网络与终端设备的结合。借助渠道的整合，传统媒体得以融入网络和移动平台，并逐渐向娱乐产业集团方向扩展。从另一个角度看，传统媒体需要对其现有渠道进行高效的融合。

在整合现有的渠道时，首要任务是提升渠道的使用效率，并对这些渠道进行高效的整合。在各种渠道的整合过程中，探索新的渠道显然是至关重要

的。在国外，大型媒体主要是综合性的传媒集团，除了报纸外，还涵盖了广播和电视，除了传统的媒体形式，还包括网络和手机等新型媒体渠道。随着传统媒体渠道的不断扩展，最实际的情况是向以互联网为基础的有线网络终端和以手机、阅读器等设备为基础的无线移动终端进行拓展，这样，受众就能够通过多样化的终端设备来进行信息的接收和消费。媒介整合的终极目标是建立一个跨越不同媒体和地域的传媒集团。

第二章 守正：媒介融合下的
新闻传播

第一节 新闻传播的原则

新闻传播的基本原则是基于已知的新闻传播模式和特定的新闻传播目标，为新闻的传播者和管理者设定，在新闻传播活动中必须遵守的核心理念和标准。它不仅反映了人们对新闻传播基本规律和目标的理解，同时也是对人类在新闻实践中经验的深入总结和提炼。因此，遵循正确和合理的新闻传播准则，对于新闻传播活动具有至关重要的指导意义。

一、社会公益原则

这里强调，新闻传播的内容和方式都应以对社会有益的公共利益为核心，需要明确社会的美德和目标，并始终将社会和公众的利益置于首位。

新闻传播的大众传播特性决定了社会公益的基本原则。新闻传媒的主要受众是广大的社会公众，它持续不断地分享着这个世界的最新资讯。对于信息内容和传播手段的选择，无疑会对公众的认知能力和精神状态产生影响，从某种角度看，新闻的传播实际上塑造了社会的精神面貌。坚守社会公益原则并对社会承担责任，实际上也是对新闻媒体本身的一种责任。

在任何意识形态的社会中，社会公益原则都被高度重视和遵循。我国明确强调了这一核心原则，并要求新闻传播在内容和形式上都应保持健康和积极的态度，同时也要自觉保护党和国家的利益及广大民众的权益。在我国众多的新闻工作文件和规章中，这一点都有明确的条文规定。

二、集团利益原则

公益原则广泛涵盖了全人类的共同利益，而现代的新闻传播活动是在一个阶级和集团利益高度集中的社会环境中进行的，这无疑会给其贴上阶级和集团的标签。尽管公共利益呈现出各种不同的特点，但其中一个显著特点是它反映了阶级和集团的利益。集团利益原则指出，新闻传播活动必须保护其下属集团的利益。

三、时效性原则

时效性不仅涵盖了时效性，也包括了及时性。时效性意味着新闻报道应努力减少与新闻实际发生的时间差。所谓的时宜性或适时性，意味着新闻报道在追求速度的同时，也需要精准把握时机，这两个因素共同形成了新闻传播的即时性。新闻的核心特质是其新鲜性，这意味着新闻的内容、形式和时间都需要保持新颖。

首先需要明确的是，时新性始终是最重要的，而在特定情境下的时宜性，并不代表对时新性地位的否定或贬低。时效性也构成了新闻传播中的一个基本规律。目的是在最合适的时机进行传播，以实现最优的传播效果。当我们谈论最佳效果时，有时是出于公共利益，有时是基于团体利益，还有时是基于对相关法律和纪律的遵循。在中外的新闻历史中，放弃时效性，而更注重及时性的成功案例并不少见。

四、受众最大化原则

"受众最大化"意味着新闻传播应该努力吸引尽可能多的观众。尽管新闻传播可以通过人与人之间的交流、组织性的传播等多种方式来实现，但在现代意义上，新闻传播更多是通过大众传播来展现的。这种大众传播方式具有面向广大社会不同群体的特性，这一点在新闻传播过程中是不可避免的。毫不夸张地说，广泛的受众群体构成了新闻传媒存在的根基。换句话说，广泛的受众群体构成了新闻传播活动的核心目标。

首先，从其原始含义来看，传播是指信息的共享和分享。无论是哪种传播方式，其核心都是以共享者和分享者为中心。新闻传播与其他大众传播形式（例如电影和文艺作品）一样，都应面向广大群众。但新闻传播的覆盖范围比其他大众传播更为广泛，对受众的接受度要求也相对较低。例如，报纸的内容通常都是简单明了的，观看电视或收听广播也只需要具备一定的视听技能。相较于文学创作，后者追求的是触动人的内心深处的"深度"，而新闻则更注重展现人的数量的广度。

其次，进一步来说，为了提高社会的民主和自由水平，追求观众的最大利益是不可或缺的。追求受众的最大化是现代新闻媒体生存和成长的基本目标。从物质角度看，现代报纸、广播和电视等媒体需要强大的财务支持，如资金、设备和原材料。除了国家、组织和个人的投资外，新闻媒体的主要资金来源有两大类：一是销售新闻（例如通过报纸销售、有线电视的收视费用、通信社的新闻费用等），二是广告业务。当观众数量增加时，新闻媒体通过销售新闻获得的收益也随之增加。新闻媒体在向受众销售新闻的同时，也会将受众的新闻接收行为和规模卖给广告商。如果一个媒体能吸引大量高质量的受众，就有可能获得丰厚的广告收益。

最后，新闻传播的核心原则是最大化受众，这一原则在新闻行业和新闻业务的运营管理等多个领域都带来了一系列的挑战和变革。

根据上述分析，我们可以预见，传统的传播工具将会与多媒体网络传播工具长时间共存。我们可以确信，无论选择哪种媒体作为核心，最大化受众的原则都会作为新闻传播的根本准则来实施。在新闻传播领域，"受众最大化"是一个普遍适用的原则。这一原则并不是没有界限的，而是受到人口规模、文化水平和经济发展状况等多个因素的综合影响。事实上，"上限封定"是一个客观存在的现象，因此新闻媒体只能在这一"上限"限制之下，努力朝着最大化的方向发展。即便是普通的综合媒体，也存在一个相对稳定的观众基础，此时的最大化策略主要集中在其标准观众和与之相似的人群上。从这个角度出发，我们可以提出另一个观点：新闻传播应遵循的针对性原则。

五、针对性原则

（一）受众个性异质和需求多元

换句话说，新闻传播是一种高效的信息传递方式，需要根据目标受众的特性和需求来进行新闻信息的传播。针对性的原则和最大化受众的原则是相辅相成的。由于目标受众众多且异质性极高，为了实现有效的传播，有必要进行有针对性的信息传递；实施针对性原则有助于最大程度地满足受众需求。

针对性原则通常涵盖两个主要方面：一是有针对性地传播新闻，二是有针对性地进行新闻传播。前者是指传播的内容，而后者是指传播的技巧。

在新闻传播中，我们必须坚守针对性的原则，这一原则可以从以下三个不同的角度进行深入探讨。

从整体上看，受众构成了一个庞大的群体，但他们对新闻的接受方式是因人而异的。无论是阅读报纸、收听广播、观看电视还是上网浏览新闻，都需要通过个体的感官进入大脑，而不是由其他人所替代。我们需要利用"显微镜"技术来深入了解新闻接收者作为一个独立个体的性格和需求，这样才能更准确地捕捉到受众的整体感受。

新闻的接收者具有独特的个性，而这些个性又是多种多样的。每个人都有其独特的性别、年龄、经济状况、社会地位、文化程度、文化背景、性格特质和生活经验，这使得他们的性格存在着巨大的差异。这在新闻的接收行为上表现出明显的差异。

受众的需求呈现出多样性。从宏观角度看，人们接触新闻的主要目的是获得更多的信息，尽管目的可能相同，但需求各异，可能是追求利益、规避风险、监视社会动态、拓宽视野、与社会保持联系或增加话题等。一些大众传播学者将受众的需求详细列举，占据了一整页的纸张，我们相信即便如此，也无法完全满足受众的所有需求。

（二）传者意图多层次

新闻的传播针对性也反映了传播者传播意图的多维性特点。当传播者的意图相对单一时，他们传播的内容和方式往往会更为简洁和直接，这实际上意味着传播者的意图是复杂和多层次的。例如，在我国，新闻传播不仅负责传递新闻资讯，还承担着政治推广、社会环境监控、科学与文化知识的提供、娱乐活动的提供，以及销售和广告推广等多重功能。每个功能都可以进一步进行详细划分。因此，为了实现各种不同的传播目标，我们需要有针对性地研究目标受众，这样才能选择合适的传播内容和采纳不同的传播策略。

（三）传播生态环境相异

这个温室的温度、湿度和气压都是可以调控的，确保四季都保持稳定；在露天环境中，经历了冰霜、雨雪、美好的日子和风的洗礼。很明显，在这个世界上，没有任何外部力量能为新闻传播提供一个巨大的避风港，因为它天生就是在户外环境中存在的。随着社会生态环境的变化，新闻的传播者和接收者也会做出相应的调整，因此，传播者需要根据生态环境的变化和受众的变化来制定传播的内容和策略。这也体现了新闻传播应遵循的针对性原则。

六、适量性原则

这意味着，在新闻传播过程中，信息的传递应当是适度的，需要与受众对新闻的感知、消化能力、满足需求的程度，以及可用的时间相匹配。信道的增长为海量信息的涌现创造了条件。许多新闻媒体在特定的信道环境下，有效地利用了信道的空间和时间资源，从而在一定程度上提升了信道的容量。

总体而言，新闻的信息量需要保持在一个适中的水平。合适的标准应当满足受众的需求，并与他们的接受心态相契合。只要新闻的传播者具备适度传播新闻信息的原则，并能持续收集受众的反馈信息，根据这些反馈来适当调整新闻信息量，那么适度的信息传播是完全可行的。

第二节 新闻传播的功能

新闻传播所起到的直接作用是社会中人们能够直观感受到的影响力，这直接决定了人们对环境的看法。其深远的功能正在通过对人类社会、政治和经济的深度影响来转变世界的现状。这种深入的功能是基于直接功能构建的，它是一种不易察觉但深远的影响。

新闻传播媒介在社会中所扮演的重要角色，可以被视为新闻传播的核心功能。新闻传播的直接作用主要体现在它所带来的正面效应上，这种效应是直观和显著的，人们的感觉可以迅速察觉到；它的深度功能意味着媒体对社会产生的正面影响是深远而持久的，能够推动社会发生根本性的变革。新闻传播具有多种功能，这也有助于实现其积极作用。

一、新闻传播的直接功能

新闻传播媒介的直接作用让人们能够直观地认识到媒介的影响力，并根据媒介的指导进行思考和行动，从而提升人们的行为自觉性和目的性。媒介内容对人们的思维和日常生活产生了直接影响，这改变了人们对环境的看法，帮助他们更深入地了解、适应和管理环境。总结新闻传播的核心功能，可以归纳为以下几个方面。

（一）提供信息，沟通情况

信息的传递和接收构成了传播活动的基础，也是其他各种功能和作用的根本。新闻传媒的其他所有功能都是基于信息功能而产生的。人们对新闻传媒行业的需求，主要源于他们希望从中获得与自身利益紧密相关的各种资讯。新闻传媒行业在传递信息方面起到了关键作用，不仅发布了众多新闻报道，还通过各种评论和广告来实现这一目标。当人们接触到的信息更加丰富和高质量时，他们的判断能力和预测准确性都会增强，从而为他们的活动提供更多的选择空间。从微观角度看，人们应该掌握关于衣、食、住、行等各个方面的最新市场动态；随着物质生活的日益丰富，人们对精神层面的消费也产生了更高的期望，这导致了更多关于娱乐和健身等方面的信息在新闻传播中频繁出现。从更广泛的视角看，无论是个体与组织、社会与国家，还是政治组织与经济实体，他们都应该时刻掌握世界的最新动态。在这个信息化的现代社会里，无论是生产技术的进步、科学知识的更新还是社会生活的演变，都展现出了前所未见的发展速率。随着时间的推移，人们之间的互动变得越来越频密，联系也日益紧密，因此，掌握各种信息变得尤为重要，这有助于我们随时调整自己的观点和行为，以适应不断变化的环境。

与信息传播紧密相关的沟通状况，也构成了新闻传媒行业独有的社会职能。新闻传播渠道通过提供丰富的信息资源，实现了信息的上下、横向传递，确保党和政府的思想、方针和政策能够及时被大众所理解和接受。与此同时，政府及其各个功能部门都深知公众的期望、反馈、批评和建议，这使得新闻传媒真正转变为信息交流的桥梁和纽带。

在实际的社会背景下，新闻媒体也起到了"观察者"的作用，鼓励大家共同努力去适应新的环境。这个功能由几个关键环节组成：首先，提供与环境相关的信息，帮助人们更准确地理解环境；其次，通过适应各种环境因素，社会的各个组成部分能够建立相互之间的联系和协调，进而有助于社会的更好整合；最后，通过持续地收集最新的信息，我们可以积累人类的生活经验，并为社会行为制定规范。

总体而言，新闻传媒行业最核心且最根本的社会职能就是提供信息和进行有效沟通。新闻的传播每天都会传达大量的信息，这有助于改变个人的认知环境；这可以为组织的决策过程提供重要的参照和支持；这可以促进社会之间的沟通，分享观点，并推动政治的民主化、决策的科学化，以及社会的健康运作。当然，要实现这些功能，必须有适当的物质和制度环境作为支撑。

（二）监测环境，引导舆论

新闻传媒的环境监控与舆论导向功能之间存在着紧密的联系。新闻传播渠道能够迅速且及时地掌握外部环境的变化，报道关于自然、社会、政治和经济等多个领域的最新动态，并在准确把握事实的前提下，发挥舆论的监督作用。

1. 监测环境

自然环境和社会环境都在持续发生变化，因此，新闻传播能够及时地向人们传达这些变化，为人们提供关于生存的宝贵经验和教训，同时也提供了一种新的行为模式，以确保人类社会能够持续生存和发展。

媒体持续不断地传播各种信息，以反映社会的各种变化，从而扩展人们的视觉和听觉体验。"通过新闻媒体，人们可以获取各种新的资讯，拓宽自己的视角，随时掌握周边环境的变化，并采取措施预防或应对可能出现的不幸情况，这正是媒体对环境的守护作用。"新闻和传播媒体在社会中扮演着类似"观察哨"的角色，它们是人类行为的守护者。新闻报道覆盖了自然、社会、政治、经济以及国家等多个领域的内容，对这些领域的状况进行了即时和全方位的报道，这对于监控人类生产环境具有独特的警示作用。

2. 舆论监督

舆论监督以其公开透明、快速传播、广泛影响、深入的揭露、明确的导向和及时的处置等特点和优点，尽管它没有强制性，但在一个国家的政治、经济和社会生活中具有极高的影响力。然而，舆论监督的真正力量并非源于新闻的本质，而是源于新闻所反映的公众意见。新闻和传媒机构构成了进行舆论监控的不可或缺的公共服务平台。

（1）新闻传播媒介实施舆论监督的条件

"新闻构成了舆论的根基和基础"，新闻传播机构总是迅速地将最新发生的事件传达给社会大众，当人们了解到事实真相后，他们会立即做出评价和发表观点。在民主政治体制的背景下，新闻和传媒机构需要进行舆论的监督，而这一监督的首要前提是确保信息的公开透明和言论的自由表达。新闻和舆论的有效监督依赖于两个核心条件：第一是，提供充足的舆论信息，这些信息能够反映出舆论的实际情况和事实，从而让公众对经济、政治和社会生活有更深入的认识；第二是，在有充足信息的前提下，对各类政治、经济和社会事件，以及相关人士进行理智而坦诚的评述。

（2）新闻传播媒介的舆论功能

新闻传媒的舆论作用主要体现在准确地反映公众舆论，并通过各种媒体渠道让社会大众接触到舆论信息。在我国的新闻和传媒行业中，传达社会的观点和意见就是真实地展现人民的声音，并通过各种新闻传媒渠道，如社会、政党和政府，传达民众的期望、观点、建议和批评。政府基于对社会民情变化的了解，对相关政策进行了调整，以增强和优化其领导能力。从这一点来看，新闻传播媒介在执行舆论监督职能方面，具有其不可替代的地位和影响。

① 揭示了社会的公众观点。首先要明确的是，舆论在新闻报道中占据了核心地位。许多新闻媒体对社会焦点问题的报道，主要是基于社会上已经形成的公众观点，例如物价、住房和精神文明建设等议题。对于这些议题，人们的观点、态度和评价通常构成了新闻报道的核心部分。其次？"新闻传播活动为公众舆论创造了一个存在和发展的平台和空间，它是社会成员在最广泛的范围内自由讨论、广泛交流观点、表达民意的最有效工具"。新闻传播所呈现的社会观点可以塑造出一种不可见的精神动力。当新闻和传媒行业能够准确地反映公众舆论时，社会舆论便会转化为推动社会向前发展的强大精神动力。

② 起到引导公众舆论的作用。新闻和传媒行业对于公众舆论的反应并不是消极或被动的。通常情况下，新闻媒体总是站在自己的角度，对舆论进行深入的观察和分析，审慎评估形势，并积极地将舆论导向对国家、社会和其自身有益的方向。新闻传媒行业在反映何种舆论这一议题上，具有其独特的倾向性，这是无法避免的事实。媒体通过新闻的方式，增强了其被视为正确且有益的舆论效果。

③ 进行公众舆论的监控。现代的新闻和传媒行业的诞生与壮大，始终与民主政治的建立紧密相连。在民主政治体制下，权力的行使受到一定的限制，这就要求公共权力必须是公开和透明的。在民主政治的大背景下，人民利用他们的知情权和言论自由权来参与国家的政治活动，并对公共权力的实施进行监督。这种权力的行使主要依赖于现代新闻媒体和舆论监督机制，以便更好地满足民众的需求、预警社会动态并维护社会公正。

（三）整合社会、传播形象

新闻传媒通过信息传播促进社会整合，协调社会，促使社会呈现"和而不同"的面貌，并在对外传播的过程中，传达一个国家和民族的声音。

1. 进行社会整合

大众传媒的透明度、广度和迅速性，为其带来了强大的推广效果。新闻传播的目的是通过其宣传活动，来实现与社会各部分的联系、沟通和协调，从而更好地适应不断变化的环境。

从内部角度来看，通过有效的宣传活动，可以让国家的各项方针和政策深入人们的内心，从而影响他们的思维和行为。此外，我们还可以通过广泛的宣传和传播政令来增强信心、团结人民、推动社会稳定并塑造国家的正面形象；通过广泛传播政法和经济等相关知识，我们能够培养民主政治的理念和改革开放的思维方式，从而提升公民在法律、道德、文化和人格方面的修养。企业及其产品也有可能通过有效的宣传活动来塑造和提升自己的品牌形象，为消费提供指导并助力流通。

此外，推广活动需要遵循传播的基本规则，并注重艺术性。通常情况下，新闻传播的强大传播能力是通过对社会舆论的反映、影响和引导来实现的。新闻传媒行业的宣传活动不仅通过社会舆论来获取影响力，还通过这些宣传活动来塑造新的社会观点，进而影响公众的思维和行为模式，并在这一过程中达到社会融合的目标。

2. 传播国家形象

世界各国的新闻媒体都承担着对外宣传和公共外交的职责。对外的宣传活动有助于塑造国家和民族的正面形象，对国际事件和国际合作产生影响，并努力获得各国公众对国家形象和外交策略的支持。

对外的推广和争取全球的支持，其实反映了一个国家的软实力。一个国家的综合实力不仅体现在其经济、科技和军事等方面的"硬实力"，还体现在其文化和意识形态所带来的"软实力"上。尽管硬实力和软实力仍然具有重要性，但在信息化的时代背景下，软实力正在变得比过去更加显著。软实力体现为思想的融合，主要体现在文化的影响、意识形态的渗透、制度的吸引力，以及外交事务的公信度上。新闻媒体把制度、价值观、文化和意识形态转变为宝贵的资源，对全球社会产生了深远的影响。"软实力"在国家的内部结构中起到了不可忽视的角色，这是因为新闻媒体的推广有助于形成公众对国家利益的共同认知，增强公众对国家的忠诚度，并提高国民之间的团结力量。

（四）审美文化功能

新闻的传播行为构成了人类文明的一个关键部分。因此，要深入了解新闻的内在规律和独特性，我们必须从"文化"的角度出发。随着现代科学和技术的持续进步及物质生活的逐渐丰富，人们对于审美的需求也变得越来越强烈。因此，在新闻传播过程中，简单地应用新闻的五个核心要素进行新闻制作是必要的，这就要求新闻传媒努力以审美的方式来呈现新闻的目标，也就是追求新闻内容与其表现手法的和谐统一。

1. 新闻的文化功能

新闻不仅具备文化特质，而且新闻传媒在文化传播和进步中扮演着至关重要的角色。新闻传递的不只是信息本身，更深层次的是其所蕴含的精神内涵和价值观。它透过新闻节目，在法律、道德和行为规范等社会文化层面上给予引导，从而在不知不觉中帮助人们建立起一个健康且积极向上的社会观念。新闻传媒行业的文化价值体现在新闻工作者作为广泛受众的代言人，通过多样化的表达方式来进行文化选择。

文化的精髓在于价值观，它决定了人们在特定价值观下的行为习惯、成果和代表性标志。传播学专家指出，媒介并不是某一特定文化能够完全发挥其作用的中立实体。因为其独特的作用机制，媒介成为了价值的塑造者、感官的按摩师、意识形态的推动者，以及社会结构的严密组织者。通常情况下，新闻传媒有能力通过主流价值观来影响其受众，从而加强民众的凝聚力。不夸张地说，新闻传媒的核心职责在于文化影响，也就是培育观众对于已有事实的接受和认同的倾向。

新闻和媒体不仅是文化的表现形式，它们不仅在物质和制度上具有文化特色，还在精神和社会层面上具有深远的价值和文化意义。此外，作为新闻的核心精神，它还扮演着极为关键的文化实践角色。更具体地说，新闻传播媒介在文化精神方面主要起到了几个关键作用。

（1）新闻的舆论价值取向

所有文化的精髓都体现在它们的价值观念上。新闻传播被视为人类文化的精神成果，它主要是通过舆论导向和文化导向这两种方式，充分展现其作为新闻文化的影响力。新闻传播媒介不只是传递国内外的各种新闻资讯，它还在塑造正面的舆论氛围和引导观众走向正确的文化价值观方面起到了关键作用。因为文化不只是人类和社会的体现，它同样代表了人的意识。无疑地，价值观念构成了人类意识的一个关键部分。然而，文化的传递不能简单地进行强制性的灌输，而应在价值观念上持续地进行潜移默化的引导。只有当我们确立了正确的价值观，我们才能在电视文化的传播过程中展现出强烈的积极性和清晰的目标导向，从而有意识地根据主导的价值观为社会成员制定社会规范。

（2）新闻塑造健全的人格

在新闻报道里，人物与事件、对与错、是与非、善与恶等元素，都是通过信息传递方式来对目标受众产生影响的。新闻传播在提升国民的文化修养和文化品质上，扮演着至关重要的角色，它直接影响到一个国家的活力、团结力和创新力。

（3）新闻增加媒介的文化含量

文化含量具有双重含义：首先，它涵盖了所有事物的领域；其次，涉及更为深远的精神和文化含义。新闻文化，作为主要的新闻信息传播渠道，其所覆盖的领域是非常广泛和多样的。我们不能仅从新闻的舆论方向来定义它，还需要深入探讨其背后的文化含义。这里讨论的文化议题主要集中在精神和文化方面，例如价值观、审美观点、道德品质和思考模式等，这些都构成了一种深刻的文化内涵。

在新闻报道中，采纳审美的思考模式已经变成了时代进步的一个不可避免的趋势。新闻的传播主要依赖于文字、图像和声音等感官，其所传递的形象和感染力如何影响观众的心理感受，与新闻的艺术性和审美性表达技巧有着紧密的联系。当代的观众在从多种传媒渠道获取信息和知识的过程中，也在寻求精神层面的审美和视觉上的愉悦。这意味着新闻制作者需要在思维模式上持有开放的观点，也就是说，他们需要综合运用视觉化思维、对立化思维、多角度思维，以及情感驱动思维等多种不同的思维方式。

2. 新闻报道的审美思维

审美思维不仅是艺术创作和表达过程中的基础思维模式，也是审美心理和行为操作的融合。它不仅可以直接满足人们的审美需求并带来愉悦，还能增强人们自由地理解和创造审美形式的能力，从而更好地引导人们走向现实生活，有助于社会的有序和稳定发展。

因此，在新闻报道中，我们应当运用审美的角度来捕捉生活中的真实人物和发生的事件，并确保报道的真实性和客观性。即便是对新闻事件的现场报道，也涉及新闻工作者在有意或无意中对事件的内容和表达方式进行筛选和加工，这一过程包括记者和编辑对现实生活的审美感知和审美思维。更明确地说，新闻主要展现了以下几种审美的思考方式。

首先考虑的是视觉思维。它代表了一种基于形象的思考方式，是利用外在表现来进行智慧操控的过程。它采用了具体、直观甚至是可视化的方式来描述事件，从而揭示了整体形象中的某些深层含义。这里提到的视像思维与我们通常所理解的形象思维有所不同。它代表了一种艺术活动中的思考方式，也就是审美视像的思考方式。它不只是以其鲜明和生动的直观、感性和具体性为显著特点，更是一种包含了创作者个人情感的意象思维过程。出于这样的思考模式，新闻制作应当注重事件的具象性、现场的真实性以及传播过程的动态性。

其次是关于情感的思考方式。新闻报道的视觉思维不仅限于呈现客观事实，更重要的是通过感性的表现形式和情感判断来理解和展示新闻事件的善与恶的内涵。情感思维所指的是存储在记忆里的高级情感，这些情感会对现实世界中的客观事物产生反向影响，构成一种特定的思维模式或心理活动。新闻工作者在进行情感思考时，通常会利用记忆中的理性、道德和审美等高级心理情感来评估各种直观感知的事件，并据此做出新闻报道的选择和组合。

最后涉及创新性的思考方式。这是一个过程，它涉及利用已有的知识和经验，借助人类的情感力量，通过富有创意的想象，有意识地对视像（或记忆的表象）进行重新的提炼和处理。这是一种从普通思维模式中提炼出来的，具有高度价值性的思考方式。新闻传播的创新思维主要体现在对事实信息的感知、捕获、精炼和制作传播过程中。对同一事物进行不同的报道，以及对不同事件进行不同的发现和报道，都是传播者创造性思维的表现方式。

3. 新闻的形式之美

当新闻报道采纳特定的审美观点时，新闻从业者可以对报道的内容产生与众不同的情感体验，将这种特殊的情感转化为具体的视觉形象，这也涉及新闻的呈现方式的问题。形式与内容始终构成了一种不可分割的相互关联。缺乏实质内容，也无法通过外在形式来表达；缺乏形式，也没有内容作为支撑。

新闻的形式之美，指的是利用创新和吸引人的方式来传达真实且新颖的新闻事件。新闻的表现形式之美体现在其多样的形式、手段和多个维度上，这使得新闻报道的内容既全面又真实，形象且深入，具备强烈的感染力、冲击力和征服力。新闻的形式之美可以通过其画面之美和声音之美来具体展现。

4. 新闻的内容之美

新闻的内容之美，指的是新闻作品中所反映的所有社会生活现象所具备的审美价值。通常而言，新闻内容之美不仅体现在其真实性和意境之美上，更重要的是，真实性是其核心和灵魂所在；新闻中所蕴含的哲学之美也是一个重要方面。所指的哲理，实际上是新闻作品中所包含的深邃、内敛且不外露的哲学思想。新闻报道深深地渗透了这种哲学思想，这使得其思考的深度在不知不觉中得到了加深，同时，受众在接受信息的过程中也会不自觉地受到影响，这进一步激发了他们对时代、社会和人生的探索和追求。

（五）提供娱乐，陶冶性情

传媒所扮演的娱乐角色，意味着激发观众的兴趣并给予他们愉悦的体验。软新闻主要以娱乐为核心，通过新闻媒体传播各种奇闻逸事、地域文化和文娱节目等富有趣味性的内容，旨在为观众提供一种高尚的审美体验，进而激发和提升观众的审美兴趣和水平，以满足他们合理的好奇心。新闻媒体在引导受众的生活观念和信仰方面起到了关键作用，这无疑会对社会的稳定带来积极影响。

娱乐活动构成了人类日常生活的一个关键环节。随着互联网的兴起，通俗文化如同洪水猛兽般涌向全球各地，负责传播这些文化的新闻媒体日益增多，而具有娱乐价值的软消息也吸引了大量观众的目光。通过传播媒体的娱乐内容，可以激发观众的纯真兴趣，并为他们带来精神和情感的双重满足。一个积极而健康的娱乐信息传播平台，不仅是引导观众在道德修养和道德追求方面的重要途径，还通过媒体提供的戏剧性典型案例，让观众在娱乐活动中更好地理解和认识到人性的美德。在信息传播的过程中，传媒所承担的"社会责任感"是通过展示和渗透与社会道德建设相一致的正面道德观和价值观来实现的。娱乐新闻报道凭借其独特的公共属性，承载了社会责任和意识导向，传播高尚、幽默、智慧、知识和体力的美学，为观众提供娱乐，引导人们构建一个相互尊重、相互关爱的社会。

二、新闻传播的深度功能

新闻传播的核心功能主要涵盖了培养人们的社会适应性、促进社会经济结构的进步以及推动社会政治的变革等方面。这些功能在人类社会的各个领域都产生了深远的影响，为社会进步提供了意识上的推动力。

（一）培育人的社会化

在研究新闻传媒的过程中，我们观察到当代人们的社会认知主要源于传媒，而大众传播的作用进一步促进了人类的早期成熟。在媒体的推动下，人的社交能力得到了快速的提升，导致人们的智慧迅速积累，并每几年将人类的意识推向新的高度。媒体与人们之间的交互促进了人们的社会化进程，这直接激发了社会各主体的活跃性，并为社会的持续变革提供了持续的推动力。社会化这一概念指的是作为一个独立的生命体，通过与社会的互动，吸取社会文化的精髓，积极参与并适应社会生活，从而逐步成长为一个真正的社会成员。更明确地说，社会化涵盖了两个层面的意义：第一是，个体在社会环境中通过各种学习活动来掌握社会相关的知识、技术和准则，从而获得社会成员资格。第二是，个体应当积极地融入社会生活，适应各种社会环境，并重新体验社会经验。因此，一个人的社会化过程实际上是他在学习社会和参与社会活动之间的融合。无论是在学术研究还是在社会活动中，大众传媒对人们的思维和行为模式都产生了不可忽视的影响和作用。

1. 媒介为人的社会化提供支撑

人类从无知的状态逐渐进化到文明社会，在这一过程中，他们不断地从外部环境中获取和交流信息，最终形成了有意识的集体生活模式，进而构建了社会。传媒的主要驱动力在于帮助人们更深入地认识这个世界，并对自己有更深入的认识。换句话说，媒体为人们提供了关于如何成为一个更好的人和如何过上更好生活的指导。

（1）媒介促使人们明确生活目标与手段

人们的社会化过程始于他们的童年时期。在一个大众传媒高度发达的社会环境中，社会化进程不仅提前了很大的一步，同时也加速了其发展速度。新闻媒体为人们提供了一种涵盖获取物质生活所需的工作和整体生活模式的方式。各种类型的新闻报道都向人们展示，这些现象是在人们之间的相互影响和社会互动过程中逐步形成的。媒体将个人的生活目标和策略传达给他人，这代表了个体的社会化过程；这导致了众多人能够掌握社会生活中的各种规则和技巧，进而实现社会生活的社会化进程。一个人在社会中所受到的影响，实际上是其社会特质逐渐形成的过程。

在媒体的推动下，人们开始主动地尝试社会化，这使他们逐步理解如何与社会建立更紧密的联系，并获得社会的广泛认可。传媒持续地向大众传达特定的观念，让人们明白只有遵循统一的准则，我们才能和谐共处，这也是集体生活的必要条件。更加关键的是，新闻媒体及其传播内容具备对全球的反映能力，通过抽象、逻辑和形象的思维方式来引导受众的行为，进而促使受众做出理性的选择和行动。传媒不仅激发了公众的情感反应，帮助他们区分对错、善与恶，还塑造了他们的态度和价值观，这不仅为人们提供了了解生活目标和生活方式的机会，同时也为人们更好地认识自己创造了条件。总体来说，传媒在推动人们社会化的过程中，同时也培育了人们在社会中独立生活的技能。

（2）培养人的个性化和价值观

社会化进程不仅是人们在社交活动中形成共性的一个过程，同时也涉及个性的形成和获取。在社会化过程中，尽管人们的本质是相似的，但他们所得到的结果却各不相同，这主要体现在个人的兴趣、性格、气质等方面的差异，以及在思想、意识、觉悟和品德方面的不同。生活在同一环境中的人们不仅拥有相似的生活习惯和行为模式，还具备独特的个性和个人特质。

新闻媒体在培育人的社交能力时，更倾向于塑造人的独特性格，并通过各种鲜明的人物命运来影响和塑造观众。一个人的独特品质是基于其生理特点，并在社会实践中逐渐塑造和成长的，同时也是其社会化过程中的结果。大众传媒所塑造的拟态环境在很大程度上决定了人们对实际生活环境的看法。

人类的行为不仅体现了大自然的价值，还塑造了社会的价值，但这种价值在不同的人中存在差异。正是由于每个人的价值观都有所不同，所以他们的价值观也存在很大的差异。如果一个人所需的知识、技巧和行为标准是通过媒体获得的，那么从某个角度看，他或她的社会价值观也是通过媒体获得的。媒体为我们展示了多种社会价值观的示例，帮助人们逐步了解自己的价值观如何可能塑造出特定的生活方式。

（3）提供人的发展方向

大众媒体能够为我们指明人类的进步路径，并描绘出人类自身的成长轨迹。在我国，典型人物的报道构成了一个特殊的新闻种类，并且在各个历史时期都经历了某种程度的演变。大众传媒通过报道各个行业的杰出人物，为大众提供了一个学习的范例，对个人的成长和发展产生了积极的影响。新闻媒体通常从人与人之间的社交联系的视角来呈现人的成长与进步。一个人的社会联系在很大程度上决定了他能达到的发展水平。从人的角度看，他与自然、社会，以及自己的关系都经历了从"狭隘"和"片面"到"全面"的转变，在这一转变中，他持续地完善自己，推动自己的进步。

2. 媒介文化的中介作用

从根本上说，社会是文化的体现。如果没有物质和社会意识层面的文化支撑，社会就不会存在，只剩下一个动物群体。从这个角度看，人的社会化意味着人们利用文化作为社会的主体，而传媒文化则作为实现这一社会化过程的桥梁。个人与社会之间的联系不仅关乎个人如何构建社会，还涉及个人如何在社会中得到认同。由于人类拥有文化，并通过媒体进行交流，个人、文化和社会之间形成了持久的互动关系。

（1）媒介文化对个人的哺育

在当代社会中，人们从孩童时期就开始利用媒体文化来与社会互动。媒介文化指的是由媒介传播的内容和操作方式组成的独特的意识形态和相关的载体活动。人与人之间的经济、政治和意识联系都是文化的一部分，通过这些文化活动，人们可以构建一个具有独特经济和政治制度的社会环境。媒介文化可以被理解为文化的"媒介化"以及媒介化的"文化"。媒体所传递的信息可以被看作是由多种文化组成的模拟环境，并在人的社会化过程中起到了催化的效果。媒介文化以其开放、多样、包容和多元的特质而著称，新闻报道通过大量地介绍人们在社会中的角色和文化互动，帮助人们更全面地了解和接触社会。

只有通过媒介文化中介的介入，个体才能全方位地与社会互动，从而更好地了解社会的实际状况。社会首先是通过文化塑造了人类，并利用媒体文化引导人们选择更好的生活习惯，确保人类文明的持续和进步。从另一个角度看，文化受到个人和社会通过各种媒介的影响。在这一演变过程中，文化变成了个体与社会共同参与和影响的焦点，同时文化也被视为人们活动的最终目标。然而，这需要通过媒体来展现人们的创意和社交活动，从而引发文化的转变，并在这种转变中对人们进行塑造。

（2）媒介文化对个人观念的改造

媒介文化对人的影响，本质上是对人的观念的重塑。在文化的熏陶之下，个体从家中、学校乃至整个社会，其内心的世界都在持续地丰富与进化。个体观念的变迁构成了个人成长过程中的核心精神，这一过程中不断受到外界文化因素的影响和渗透，其中，大众传媒成为了主要的信息获取途径。在媒介传播的过程中，意识文化要么依赖于语言本身，要么是依赖于图像和音符来维持其存在。个体通过各种媒介受到历史和当前文化的深刻影响，这种影响通过他们的亲身经历转化为他们思维中的意识，并进一步影响他们的行为模式。

媒介文化通过两种独特的方式影响着人们的观念。第一个途径是文化现象的影响，也就是通过文化事件激发人们的主动参与，从而被人们所理解和掌握。在新闻报道中，事物被视为一种展示性的文化现象，要想被人们所理解和掌握，模仿是不可或缺的手段。这意味着，媒体传达的文化活动被人们模仿，从而掌握了各种活动的能力，也就是接受了其中所包含的文化模式。作为一种行为文化，人类的生活方式主要是通过事物文化的影响来传递给其他人的。媒体所披露的鲜明事件给人留下了清晰的印象，从而引发了一种特定的观念。媒介文化的显著意识作用构成了第二种表现形式。媒体通过清晰的思想立场来展示其文化模式，其中政治文化和科学文化尤为显著。在社会生活中，各种不同的文化观点都会对人的意识产生影响，激发人们的清醒意识，将其转化为明确的观点，并塑造人们的思维趋势、方法和习惯。当媒介文化影响人们时，其最终目的是塑造各种观念，这包括对知识的理解、对意向的认知以及对决策的看法。个体的心理状态对于媒介文化也起到了引导的角色，这使得文化在大众的认知中呈现出新的形态，创造出全新的文化价值，并通过媒介的语言在社会中进行传播。

（3）媒介文化的建设与发展导向

作为社会舆论的主导者，媒介组织有责任积极推广社会规范，并通过文化观念来指导社会行为的走向和准则，以实现加强社会凝聚力的目标。许多社会行为只是基于本能进行自我调整，并不能达到社会成员之间的统一行动。只要新闻传媒持续地进行文化导向，就有可能获得大众的广泛认同和积极行动。

媒体文化对很多人的行为产生了影响，从而改变了一个民族、一个集体或具有相同信仰的群体的行为模式。"民族身份是在长时间的认同构建过程中形成的。"这种认同在个人和族群层面都不是一劳永逸的，它需要在不断的再生产过程中，在与外部社会因素的协调和碰撞中得到确认和加强。例如，在云南的少数民族地区，通过互联网的普及，将社会背景因素融入族群认同的构建中，这打破了传统的线性、强调文化融合和适应性的个体族群认同模式，为构建多维度的文化认同提供了新的可能性。"互联网，凭借其在'整合'与'断裂'之间的巨大张力，能够对包括族群认同、地域认同和国家认同在内的多维文化认同体系的整合产生更广泛的推动效果。"随着互联网的广泛传播，民族社区的封闭性被打破，其自然的社交联系也被打破。因此，建立民族身份不仅需要关心他人和自己，还需要吸纳更多的外部文化遗产，并构建一个多元化的价值观体系。这也进一步推动了民族地区的多维认同体系的形成，展现了媒介在文化导向和建设中的重要作用。

（二）推动经济形态的发展

"经济形态是指一个国家的经济是自然经济，还是计划经济、商品经济、市场经济。"对于经济新闻的报道，我们可以从狭窄和广泛的角度来加以解读。从狭隘的视角看，经济报道涵盖了财税、金融、市场交易、政府权力、市场动态等多个经济领域的信息；而从更宽泛的视角看，它不仅包括人们经济生活的各个方面，还应涵盖工业、农业、交通、基础设施、消费等更多领域的内容。经济的新闻报道与评论为我们展示了社会经济的动态，并为我们揭示了经济的未来走向。媒体对经济的报道加深了人们之间的经济纽带，这种持续的直接作用使得媒体有能力揭露经济模式的规律性变动，进而揭示传媒在经济制度改革中的深远影响。

1. 展示经济的发展动力

自从引入了"科学技术"这一强劲的驱动力后，人类历史进程逐渐加速，新兴的生产力对社会结构和思想观念产生了深远的影响。新闻传媒在经济报道方面为人们提供了深入了解社会构造的方向，并在提升生产效率和社会改革方面起到了不可或缺的作用。

（1）揭示需求与经济的关系

大众媒体在报道经济新闻时，实际上是在描述社会需求与经济增长之间的联系。经济新闻可以通过观察单一的生产活动和产品的市场化，深入了解需求与生产之间的联系和当前状况；或者是通过对宏观经济政策和经济结构的解析，揭示社会与经济关系的变迁及其构建方式。大众传媒在经济报道和评论中阐述了人类社会发展的核心，即人类历史是从物质生产与需求的不平衡状态逐渐转变为一个持续平衡的过程，揭示了人类需求、经济满足、生产力与经济关系之间的相互作用和发展历程。

（2）反映经济形态的构成

从新闻报道中所揭示的事实来看，生产力并不是一个独立的驱动力，它始终是在特定的经济环境中持续发展的。经济模式对社会进步的影响，尤其是对生产力的反作用力和对上层建筑的推动力是最为显著的。

生产力与生产关系共同形成了特定的经济模式，它们有可能构建出一个统一且和谐的经济体系，而这一切的关键在于分配制度的合理性。

经济形态对政治上层建筑的形成、本质及其演变有着直接的影响，它构成了政治和思想上层建筑的根基。经济新闻所揭示的经济行为模式有助于人们更好地理解社会的健康进展，从而降低经济活动的盲目性。在经济管理方面，政府可以更多地从分析媒体经济报道的角度出发，以准确把握经济现象的复杂性和多变性，从而确定政府在这一领域中的准确地位。

2. 预测经济形态的发展

通过获取一定量的信息，大众传媒有能力对经济增长进行预测。实际情况显示，众多经济新闻报道向我们展示了未来的经济发展方向。通常，每一篇关于经济的报道都是对某一经济事件的详细描述和阐释；在特定的时间段里，众多媒体经济文章都能揭示出社会经济发展的未来趋势，进而为我们指明经济增长的路径。

（1）阐释社会经济变革

经济新闻的报道能够揭示经济模式中存在的内在矛盾，强调改革限制生产力增长的政治模式的重要性，并为经济改革指明正确的路径。由于经济增长的不断变化，媒体在报道经济转型时也面临着一个永无止境的挑战。在经济转型阶段，新闻报道特别肩负着深入探讨政治与经济变革的巨大责任。

媒体对经济的报道内容是双向的，它需要面对全球市场经济一体化的挑战，并在企业与消费者、权力层与普通民众之间探索新的经济观念。经济新闻可以从几个关键领域用最新的角度来解读经济的各种现象。

首先，我们需要科学阐述经济体制改革所追求的目标。

其次，经济新闻对经济增长策略的调整起到了引导作用。

（2）后工业社会的经济报道

在工业化的社会背景下，机械成为了主导力量。进入 21 世纪后，人类逐渐步入后工业时代，也就是以智能产品为核心的时代。在这一阶段，新闻传媒不仅是新型经济体系的一个关键组成部分，也是社会经济构架中不可或缺的一环。经济新闻通过大量的事实证明，后工业社会是一个"公共社会"，社会的单位是社区，而不是个人或某个阶级的主宰，人们之间的联系变得更加紧密。得益于网络和交通技术的进步，众多国家已经演变为一个"全国范围的社会"，众多社会问题呈现出全国范围的规模，这些问题需要由全国范围的社会来共同应对和解决。在这个时刻，媒体成为了连接公共社会的桥梁，有能力扩展和维护公共空间。

在后工业化的社会背景下，经济报道的核心议题是：从传统的产品导向经济转向以服务为导向的经济；在社会中，专业技术人员已崭露头角，成为主导的社会阶层；经济与社会的进步高度依赖于科学的理论，其中理论知识占据了核心位置；对技术的评估从简单的肯定态度转变为带有疑虑和否定的看法，而对技术理论的批评也带来了一些负面影响；决策的过程已经更加科学，决策的核心已转向"智能技术"。

第三节　新闻传播的过程

新闻传播过程的解释是基于对传播理论和模式的深入了解。新闻传播可以被描述为"新闻—新闻传播者—新闻传播媒介—受众"的互动和循环过程。在这一过程中，新闻成为了传播的核心内容，而新闻传播者则是传播的中心，新闻传播媒介作为传播的途径，而受众则是传播的目标群体。

一、什么是新闻传播

新闻传播是一种双向循环的活动，其中新闻传播者通过大众传播媒介将事实信息转化为新闻产品，然后广泛、迅速地传播给受众，并接收受众的反馈。根据传播的种类分类，新闻传播可以被划分为三大类：人际新闻传播、群体新闻传播，以及大众新闻传播。

人际传播可以定义为个体间的信息传递行为，它也是一个由两个独立系统互相连接而形成的新型信息传递体系。在社会生活中，人与人之间的沟通是最直接、最普遍且最多样的信息传递方式。人与人之间的传播内容繁多且形式各异，主要可以划分为两大类：一类是直接面对面的交流；而另一类则是通过某种具体的物理媒介进行的传播。

群体传播涉及群体成员间，也就是在"小团体"内进行的信息互动，以及不同群体间的信息传递和交流活动。群体传播有助于群体意识的塑造。群体意识的核心是群体规范，这些规范有助于协调成员的活动，明确成员的角色和职责，以促进群体目标的实现。通过对群体规范的限制，可以确保群体的整体合作，保证群体的共同行为方式，同时为成员个人提供安全的决策依据。

所谓的大众传播，指的是专业的媒体机构利用尖端的传播技术和产业化方法，针对社会上的普通大众进行的大规模信息创造和传播活动。为了有效地传播信息，大众传媒需要利用特定的传播渠道，这对社会产生了巨大的影响。大众传播具有几个核心特性，包括传播机构的制度化和组织化；传播手段呈现出系统化和规模化的特点；传播工具的现代化和其对社会的深远影响；传播工作人员需要具备职业化和专业化的特质等。

在这个信息化的社会中，新闻的传播变得更为广泛、便捷和迅速，它已经变成了人们生活和成长中不可或缺的核心要素之一。为了更有效地进行社交互动，人们每天都需要收集一定量的新闻资讯。不分哪个行业的人们，都在很大程度上依赖于新闻传媒所提供的资讯。

二、新闻传播的制约因素与环境

新闻的传播是在特定的背景下进行的，而媒体生态对新闻传播产生的深远影响越来越受到学术界的关注。新闻的传播环境是由社会制度、物质生活习惯和民族传统等因素组成的。这种传播环境会直接决定新闻的传播效果，并在不同程度上影响新闻的预期目标。当新闻适应特定的信仰、制度和文化背景时，它的传播速度会更快，能吸引更多的观众，从而更好地展现新闻的固有价值。换句话说，新闻的传播和其产生的效果，都是直接受到新闻传播背景的限制和作用的。

（一）新闻传播的制约因素

新闻的传播不仅受到媒体的影响，同时也受到传播的背景和受众的阅读偏好的限制。更具体地说，新闻的传播效果会受到新闻的价值、新闻的质量、新闻的政策，以及传播的环境等多方面的限制；新闻的传播策略主要是由社会制度所决定的。

在新闻的传播过程中，关注这些限制性因素的作用，有助于最大化新闻的传播效果。因此，在新闻传播中，我们需要深入了解受众的观看习惯，确保及时报道大部分受众所关注的内容，并确保报道的内容和形式与受众的文化背景和生活方式相契合。通过传播技术的创新和采纳先进的技术方法，我们可以增强新闻传播的实际效果，并为观众带来更好的视听体验。

（二）新闻传播的环境

新闻传播所处的环境实际上涉及新闻传播在社会中的空间和状态，这包括了政治体制、经济结构及其进展、文化传统，以及大众的普遍信仰和观念。

新闻的传播行为是在特定的社会背景下进行的，因此，新闻的传播速度、覆盖范围，以及所带来的各种影响，不仅与新闻的具体内容有关，还与传播的环境息息相关。新闻的传播与其所处的环境紧密相连，因此，新闻的内容、报道的形式，以及传播的手段都需要与当前的社会环境保持一致。

无论是国家还是大型的社会组织，其权力的运作方式都是社会制度环境的一部分，而新闻的传播则受到这种社会制度的限制。从新闻传播的视角看，新闻报道的内容必须与国家的主要政策方向相一致。国家或社会组织在制定和确定新闻选择标准时，都是以不损害社会制度为基础的。在新闻传播过程中，必须全面地满足受众的各种需求和他们对理念的追求，这构成了新闻传播的信仰空间，也被称为意识环境，它涵盖了理想、信仰和价值观等多个方面。

三、新闻传播的环节构成

在研究新闻传播环节的组成时，必须将新闻信息的真实流动过程作为观察的焦点。考虑到新闻信息在流动过程中各个阶段的分工差异，我们可以将其细分为几个相对独立的子阶段。由于新闻信息的传递任务是通过各个阶段的相互连接和组合来完成的，因此，这些不同的阶段实际上构成了新闻传播过程中的各个环节。

（一）新闻传播的基本流程

流程通常描述的是从开始到结束的整个过程。传播流程可以理解为信息从源头传递到目的地的一系列步骤，而新闻传播的流程则是新闻信息从源头流向接收者的一系列步骤。从古代新闻传播的起源，到现代高度发达的大众新闻传播活动，新闻信息在人与人之间的流动，基本上遵循着相似的逻辑。新闻信息在任何宏观层面上的传递，都是一个从信息来源到信息接收的连续过程。信源代表事实，而信息则是信息的接收者；那些将信源信息呈现、传达给他人或整个社会的人，被视为信息的传递者。在众多场合中，信息主要是在信息载体上进行传递的。从宏观角度看，新闻传播主要分为两大类流程：

第一个基本的流程是：首先是新闻信源，其次是新闻传播者（传播者本身也是传播的载体），最后是新闻的接收者。这类新闻传播的核心步骤主要在人与人之间的沟通方式上得到体现。

第二个基本流程是：从新闻信源到新闻传播者，再到新闻传播媒介，最后到新闻的接收者。这一传播流程主要是通过利用大众传媒作为新闻信息的传递手段来实现的。

（二）新闻传播的基本环节

新闻传播的核心环节主要集中在现代大众传媒的新闻传播行为上。新闻的传播是一个持续不断、循环往复的过程，在这个连续的过程中，不同的阶段完成了不同的任务。基于新闻传播的纵向发展路径，我们将完整的传播流程细分为若干关键环节。

1. 采集新闻信息环节

这是一个寻找和获取新闻信息的过程，该过程的终极目标是初步明确新闻报道的具体内容。新闻信息的采集环节作为新闻传播的核心环节，为后续的传播环节提供了基础的操作对象。这一阶段的主要职责包括：识别新闻中的事实或信息，对不同的事实或同一事实的不同部分和侧面的新闻价值进行认识和评估，从而确定新闻报道的最终内容。

2. 写作新闻文本环节

这是一个对收集到的信息进行处理和制作的步骤，其关键在于将选定的新闻信息进行符号化处理，最后将其转化为完整的新闻作品和新闻产品。撰写新闻文章在实际的新闻传播过程中，主要经历两个关键步骤：首先是将其转化为作品，其次是将其转化为产品。所谓的作品化，就是通过思维的处理和符号的再现，将筛选出的新闻信息转化为能够传播的新闻文本，这是一种精神上的劳动。产品化的过程涉及利用特定的物质资源，将已经能够传播的新闻内容进一步转化为可以直接销售给接收方的新闻内容，这一过程不仅需要大量的体力工作，还涉及一定程度的智力投入。

3. 传递新闻文本环节

这一步骤涉及将已经完成制作的新闻内容或产品，通过各种不同的传播渠道，传递给目标受众。这个环节象征着新闻传播任务已经基本达成。传统的传媒手段是通过将新闻内容直接传达给新闻的接收者，从而实现信息的有效传递。网络媒体的传播方式并不是简单地"推式"传递（例如直接展示电视媒体产品），而是通过信息存储的形式，为新闻接收者创建一个庞大的信息资源库，以便他们能够随时获取所需的信息。

4. 接收新闻文本的环节

新闻的接收者可以通过多种途径获得相关信息，这构成了新闻传播过程中的接收环节。新闻的接收环节是由两个子环节组成的：首先是"接收"环节，它主要涉及接受新闻文本的外部形态和基础内容；其次是关于"接受"的环节，这主要涉及与接收到的新闻文件进行对接，并进一步决定是否愿意接受以及能够接收到何种程度的心理活动。这两个环节的分类主要展示了一种内在的逻辑联系，在实际的接收过程中，这两个环节实际上是相互交织的。

5. 信息反馈环节

在新闻传播活动中，反馈起到了至关重要的作用，它描述的是新闻提供者与接收者之间的信息交流，而并不涵盖新闻传播机构内部不同参与者之间的信息交换活动。关于反馈信息的获取和来源，存在几种不同的途径和方法，第一是接收者主动、零散地提出各种不同的观点、意见和建议；第二是媒体管理部门对新闻传播行为进行的检查和评价；第三是学术研究机构对新闻传播活动进行了深入的相关研究；第四是新闻媒体通过技术途径收集到的反馈数据。

（三）新闻传播过程的实质

新闻传播过程的核心是关注传播过程中各个环节背后的信息处理机制，这主要涉及新闻的传播者和受众。新闻的传播过程，在本质上是新闻的传播者与受众之间进行新闻内容的抽象与具体的交流。从新闻传播者的视角来看，新闻抽象涉及对事实的筛选和将其抽象总结为新闻的过程；而从受众的视角来看，则是新闻受众基于自己的需求和特点来选择新闻的传播内容。新闻的具象化描述了新闻传播者在仔细观察事实后，经过一系列的抽象筛选和总结，再次将这些事实具体化，从而形成了新闻报道。当新闻的受众接收到这些内容时，他们会充分运用自己的经验，包括形象的思维方式，来对新闻传播者使用的概念和描述的事物进行具体的理解，或者将自己的新经验储存在记忆中，或者在具体的基础上形成新的观点和总结。

在新闻传播过程中，要将事实转化为新闻并实现其价值，需要经过新闻传播者和新闻受众的二次抽象过程，也就是两次思维抽取、选择、判断、概括的过程。在新闻传播的初步抽象阶段，新闻传播者会根据新闻的价值观和相关机构的政策方向，从社会发展的总体事实中提取部分内容作为新闻的抽象范畴。接着，他们会在这个抽象的新闻范畴内提取部分关键元素，并将其总结为新闻。在新闻传播的第二次抽象过程中，新闻受众会根据自己的需求、特点和观点，从新闻传播媒介每天发布的大量图片、图像和文字中，提取出他们所需的部分信息，形成一个概括性的认识，并接受与自己的固有观念相符或相似的观念。新闻传播中的双重抽象观念是互相制衡的。在持续的信息传递中，新闻的受众在抽象情境下会通过各种途径，如订阅的数量、观众的收听率和收视数据，直接向新闻发布者传达他们的观点和意见。传播的实效性并不是由单一的传播者所决定的，而是基于受众对传播者所提取的内容地位的接受程度来确定的。因此，新闻的传播者无疑会受到新闻受众的抽象思维和方式的深刻影响。

在新闻传播者和新闻受众对新闻事实进行抽象处理后，他们还需要将新闻事实具象化。新闻的传播者与受众的具体表现共同构建了新闻传播的双重具象化进程。在新闻传播的初始阶段，传播者通过概念或图像来描绘事实，并用这些具体的事实来展示或证实他们的抽象观点。在新闻传播进入第二阶段的具象化过程中，受众会根据自己的经验来解读传播的内容，并通过自己的生活经验，如情感体验，来评估新闻内容的真实性和传播者对事实的准确概括。同时，受众还会用自己基于经验总结出的观点来比较更高层次的观点，以便更好地验证、接受或拒绝这些观点。新闻传播过程中的二次具象化也受到了相互的限制和约束。虽然新闻传播工具在帮助受众获取社会变化信息上发挥了关键作用，但新闻的传递并不是唯一的信息渠道。新闻受众通过亲身体验和人际交流等多种信息渠道，不断增强了他们对信息的满意度。因此，在新闻传播的过程中，如果媒体无法满足新闻受众的具体需求，新闻受众可能会选择忽视或迅速遗忘，甚至可能会转向其他的信息来源来满足他们的信息需求。

第三章 审视：融媒体时代新闻传播要素

第一节 融媒时代的新闻传播者

在融媒的时代背景下，新闻传播者不仅是独立的新闻工作者，同时也是一个专业的职业集团，他们在新闻传播过程中起到了关键的"审核者"作用。新闻传播者作为世界上真理和正义的守护者，必须拥有良好的职业品质，坚守职业伦理，持续加强新闻的自我约束，并坚决反对任何违法或违规的行为，这样才能确保新闻传播活动的顺畅进行。

一、新闻传播者的角色定位

新闻传播者被赋予了如"无冕之王""守门者""舆论领袖"和"环境监测者"等多个荣誉称号，这些荣誉都凸显了他们在社会中的显著地位，并在人们的日常生活中起到了不可或缺的作用。正是基于这个原因，明确新闻传播者在当代社会中的角色定位，成为了深入理解新闻传播行为的核心环节。更明确地说，新闻的传播者在社会中主要起到以下几个关键作用。

（一）新闻信息的守门者

信息在某些含有"门区"的通道中流动，而在这些通道中，信息或商品是否被允许进入或继续在这些通道中流动，可能是基于公正和无私的原则，或者是基于门卫的个人看法。随后，这个观念被引入到新闻和传播的领域，并得到了进一步的拓展。

1."守门人"概念的引入

在 1950 年，传播学者怀特将"守门人"这一概念引入新闻传播研究中，他发现在新闻报道过程中，新闻机构的组织实际上扮演着守门人的角色，他们会对新闻信息进行筛选和选择，从而决定哪些内容最终会与观众见面。他在研究一家位于美国的非城市报纸的电信编辑时观察到，这名编辑在某些新闻内容上做出的舍去决策，实际上是一种非常典型的守门行为。

这种模式为新闻机构在选择新闻稿的过程中提供了理论基础，但由于其过于简化，遭到了部分批评。这种模式给人的感觉是，新闻似乎在不断地、自由地传播，而这些新闻只能通过与某些报纸相匹配的方式来选择。换句话说，这种模式仅关注了已经形成的新闻稿件的选择，而并未深入探讨事件在转变为新闻时所需经历的筛选过程。然而，这种模式对于"守门人"这一概念的应用依然产生了深刻和持久的影响。

2."守门人"概念的完善

在 1959 年，麦克内利提出了一种新的新闻流动模式，该模式对"守门人"这一概念进行了进一步的拓展和完善。该模式充分考虑了新闻传播过程中守门人角色的复杂性，包括多级守门人、守门人与接收者角色的互换，以及守门人的职责不仅局限于选择或拒绝等方面。

这种模式在分析新闻传播活动的过程中表现得更加精细，从而为"守门人"这一概念带来了更多的丰富性和扩展性。然而，这种新闻传播模式将"具有新闻价值"看作是理所应当的。与怀特模式相似，新闻传播者在选择事实时并没有将其视为首要的信息来源，因此，通信社的记者往往被视为主要的信息提供者，这导致他们无法全面地描述新闻的传播过程。

3."守门人"的因素分析

在 1965 年，盖尔顿和鲁奇走出了一条不同的道路，他们深入探讨了社会事件的独特性质和影响因素，以确保这些事件能够被合适的守门人员选中，并通过媒体与公众进行交流。他们观察到，在日常事件转化为媒体图像（新闻）的过程中，守门人会根据一定的准则来做出选择，这些准则不是主观的或随意的，而是基于客观事实和系统性的。这种模式强调了守门人选择行为的复杂性，这为新闻价值研究提供了新的思路，但并没有触及守门人的其他相关领域。

4."守门人"的差异分析

在 1969 年，巴斯提出了一种名为"双重行动模式"的新闻传播策略，该策略将新闻的传播过程划分为两个主要阶段：新闻采集和新闻加工，并特别关注了守门人之间的差异性。

新闻收集者首次进入，他们将"未经处理的新闻"，也就是真实发生的事件，转化为新闻作品，也就是新闻稿，这是新闻制作的第一个阶段。新闻制作人员（如编辑、翻译等）再次守门，对第一阶段生成的新闻作品进行修改，并将它们整合为"成品"，然后将其传播给公众，这是第二阶段。学者们普遍持有这样的观点："将人分为两个不同的阶段有助于区分他们：一部分是与信源最为接近且最倾向于信源的人，而另一部分则是那些在守门行为意义上更为务实，对新闻内容进行筛选、修改和排除的人"。

5.新闻传播者"守门人"角色的分析

关于守门人模式的研究揭示，新闻传播者在新闻传播的全过程中，需要经历一系列的选择、放弃、修订和加工步骤，这些步骤共同决定了最终要传达给社会大众的新闻内容。新闻传播者所扮演的这一角色，代表了它对社会信息环境所肩负的重大责任。作为新闻信息的守护者，新闻传播者在其活动中应深入思考新闻信息是否与国家、社会、民族和人民的利益相符，是否对人民的物质和精神生活有益，是否遵循新闻传播的固有规律，并确保新闻媒体能够健康、健康地运营。

守门人的职责和功能是系统化的，意味着它始终在一个高度受控的组织内进行和执行。为了确保特定的信息形式和内容能够有效地传达给观众，每个环节都必须严格遵循守门的指示。守门与新闻传播全套流程之间的紧密联系，突出展示了现代新闻传播者高度组织化的特质。

对于新闻传播者的守门人角色的理解和把握，应当仅限于新闻传播活动的内部范围内。从一个角度看，如果我们不将焦点局限在新闻传播者活动的社交联系上，那么"守门人"的定义可能会变得过于宽泛。从另一个角度来看，新闻传播者的守门行为不一定总是由他们自己完成的，而是受到新闻传播以外其他因素的制约。

（二）生存环境的监测者

在远古的社会时期，人们已经启动了新闻的传播工作。人类最初的生活模式中，集群居住是一个突出的特点。由于自然环境的恶劣和生产工具的简陋，人们不能孤立地生活。在进行采集、狩猎和战争等生产和社会活动时，人们必须随时获取和分享外部信息，这样才能更好地协调行动、追求利益、避免危害，从而更好地生存和发展。因此，新闻的传播活动得以形成。显然，新闻的传播者从一开始就扮演着环境观察者的角色，但随着社会的进步和变迁，这种角色的重要性日益凸显。更明确地说，这个角色的功能主要体现在三个关键领域。

1. 记录影响人类生活的灾难

作为新闻的传播者，他们对全球的各种灾害始终保持着敏锐的感知。无论是战争的爆发、地震的发生，还是台风的到来，各大新闻机构都会迅速派出记者前往事发地点，深入了解事件的真实情况，密切关注事件的发展，并确保及时进行报道。当新闻的观众打开电视、翻阅报纸或浏览互联网时，他们可以清晰地看到新闻发布者正在报道全球的各种灾难事件。通过摄像机，观众得以了解到抗震救灾前线发生的最新动态。

2. 预警可能到来的危机

面对即将到来的危机，新闻的传播者需要对其趋势进行实时报道，并指导观众做好防范措施。关于台风，新闻媒体需要与气象部门紧密合作，以实时发布台风即将到来的各种信息，这包括台风的具体行程、潜在的危害程度以及应对台风的各种措施。显然，新闻的传播者在对社会进行预警时，不只是关注自然灾害，还涉及社会的危机，他们的预警方式不仅局限于新闻报道，还可以采用新闻评论的方式。

（三）社会交往的中介者

社会交往涉及人与人之间的互动，这包括个体间的互动、社会团体间的互动，以及国家与民族间的互动；它不仅是人类独特的生活和行为模式，更是人与人之间的社交纽带，构建了基于物质交流的全面的经济、政治和思想文化交流。在当今社会的各种社交互动中，新闻传播者扮演着关键角色。他们通过选择、处理和传播新闻信息，就像血液穿越人体的心血管系统一样，为整个社会提供服务。根据实际需求，他们有时聚焦于某一部分，有时则聚焦于另一部分，以确保信息的接触、平衡和健康。这种功能让新闻的传播者变成了社会互动中的桥梁。

新闻的传播者通过收集和整理社会各领域、各层次的信息资料，将其转化为新闻并进行传播，从而促进社会各部门之间的交流与联系。随着现代社会的分工变得更为细致，各部门之间的联系也变得更为紧密。任何领域的变动都可能对其他部门造成影响。因此，各个部门和系统都需要及时掌握其他部门和系统的动态，这样才能更有效地进行协调、合作和应对新的挑战，确保社会系统的平稳和健康运行。各个系统不能单独承担收集其他系统信息的全部责任，因此，新闻传播者被赋予了这一重任。值得特别指出的是，新闻的来源多种多样，而新闻的传播者本身并不是新闻的创造者，他们只是扮演着连接和桥接的角色，进一步加强了社会的交流与联系。从一方面看，新闻传播者由于其中介作用，必须依赖并有效利用社会系统内的新闻资源，以确保其持续存在。从另一方面看，这种中介作用意味着新闻的传播者经常被看作是强大的手段，并成为各种社会结构和力量的首要公关目标。

（四）民众生活的服务者

新闻工作的核心目标是为人民提供服务，这也构成了新闻传播者的首要职责。服务于人民不仅体现在前述的各种角色和功能上，更重要的是，新闻传播者为民众的日常生活提供了直接的帮助，这主要体现在以下三个方面。

1. 提供生活信息

作为新闻的传播者，他们有责任和义务对与民众生活密切相关的各种信息进行及时的报道，以便为民众的日常生活带来便利。例如，及时向公众通报天气、空气品质、物价、汇率、水电供应和医疗卫生等方面的变化，帮助他们在工作和生活中做出适当的调整，这是新闻传播活动的核心内容。在过去的几年中，我国的众多新闻机构增强了对这一领域的报道力度，希望能更接近公众的日常生活。当然，我们提供的生活信息不仅涵盖了上述的实用信息，还深入反映了民众生活的各个层面，报道了民众生活中的难题和困扰，确保社会上的弱势群体可以从我们的媒体中发声。

2. 提供知识信息

当新闻发布者报道各种领域的最新动态和变化时，他们也会分享关于这些领域的专业知识。新闻的传播者经常采用专家采访、提供背景信息、组织专题讨论等手段，来分享最新的知识资讯，这不仅更新了公众的知识，还使他们对新闻事件有了更深入地了解。这些知识涵盖了政策方向、相关的法律和法规、最新的科技成果，以及与现代生活紧密相关的各个领域的知识。

在分享知识信息的过程中，有两个关键点需要注意：首先，作为新闻传播者，他们不可能掌握所有领域的专业知识。除了需要努力提升自己的知识水平，更关键的是他们需要依赖丰富的专家信息资源，以及具备在相关领域进行知识检索的能力。其次，当涉及科学领域或特定行业的深入且专业的知识报道时，观众可能会感到困惑和难以理解。因此，新闻的传播者需要努力进行"转化"，确保知识性的信息更容易被大众所接受。

3. 提供娱乐信息

文化和娱乐活动构成了人类日常生活中的一个核心部分。随着物质生活水平的持续提升，人们对于精神层面的需求也逐渐升高。在当代的新闻传播环境下，信息传播者总是根据自己的独特性质，主动地为观众提供与娱乐相关的资讯。从纸质媒介的角度看，它利用其独特的文字表达和易于保存的特点，通过其副刊以及文娱、体育专版和专栏，来满足读者在文体和娱乐方面的多样化需求。

值得强调的是，新闻的传播者在提供娱乐信息时，也应当遵守新闻报道的基本原则，并确保其在整体新闻中所占的比重。新闻的传播者所提供的娱乐信息，并不意味着新闻本身就是娱乐化的。

新闻传播者要充分发挥其角色，需要得到相应社会环境的支撑，其中最为关键的社会条件便是民主制度和法治精神。只有在一个民主的政治体制中，新闻的传播者才有可能扮演上述的角色，并且只有在这样的民主政治环境中，新闻传播者的作用才能得到充分的发挥。作为新闻的传播者，要想正确、恰当且高效地履行自己的职责和功能，法治是不可或缺的。从一方面看，法律明确了新闻传播者的合法地位和其活动的合法性范围，而从另一方面看，法律也为新闻传播者的权益提供了坚实的保护。

二、新闻传播者的素质要求

在这个信息化的时代，新闻的传播者必须持续地提升自己的专业素养，这样才能增强自己的能力，并在日益激烈的市场竞争中脱颖而出。接下来，我们将详细探讨新闻传播者所需的素质标准。

（一）理论素质

对于新闻传播者来说，他们需要拥有相当高的理论知识和修养。只有通过这种方式，我们才能站得更高、看得更远，从而具备更强的分析问题、解决问题的能力和更强的预测能力。

不论是在历史时期还是在社会主义的新阶段，新闻的传播者始终位于社会的最前线，与各种不同的人或事件接触，因此容易受到外界环境的干扰。因此，作为新闻的传播者，他们需要具备敏锐的洞察力，从多个角度进行观察和倾听，深刻理解上级的文件要求，明确当前的政治环境，并敏感地分析政治局势，以找出真正反映其核心价值的信息。与此同时，我们需要开放思维，刷新我们的观点，并在快速变化的环境中，以正确的态度对待新出现的事物。作为新闻的传播者，他们有责任维护自己的坚定性、思维深度和纯净性。他们需要建立强烈的导向、责任和全局观念，紧跟时代的步伐，具备全局视野，深入了解民众的情感，拥有敏感的观察力，并能从表面现象中捕捉核心问题，从而创作出充满时代气息的杰出作品。

（二）业务素质

一般来说，新闻传播者的业务素质主要包括以下五项内容。

1. 社会活动能力

作为新闻的传播者，他们有责任构建自己的社交网络，使其成为自己的信息来源。为了能够迅速且广泛地收集和发布新闻，我们必须与社会的各个层次和各个行业的人进行互动，只有通过深入和广泛的社会活动，我们才能捕捉到社会的新趋势和初露端倪的事物。

2. 调查研究能力

调查研究作为一种普遍应用于各个行业的工作方式，也是人们最频繁进行的社会活动之一。新闻传播者的调查研究与其他人员的研究有所不同，他们的主要目的是信息的传播，因此需要在较短的时间内迅速完成，确保工作效率，而不是敷衍了事。因此，对于新闻的传播者来说，进行调查和研究是他们最根本且至关重要的技能。

新闻传播者的调查和研究能力是一个全面的评价标准，它不仅涵盖了对调查研究任务的深入理解，还涉及如何正确地运用调查研究手段。这种能力主要体现在快速收集新闻事实和深度分析新闻事实的技巧上。新闻传播者的调查研究能力可以通过他们是否能够及时发现、了解、选择、核实、追踪并最终报道事实来衡量。

在对新闻事件进行的调查研究中，实地考察和资料搜集具有显著的重要性。许多重要的新闻事件是在现场发生的，因此新闻报道需要尽可能还原现场的真实氛围。直接观察是新闻报道中很重要的一种方法，成功的报道往往基于记者的各种调查手段，其中直接观察是一个重要方面。因此，新闻传播者经常需要进行实地采访。在实地采访时，准确把握现场的实际情况，并深入了解事实背后的背景及其因果联系，这是一项既复杂又富有挑战性的工作，也最能体现记者的专业技能。只有具备出色的调查和研究能力的新闻记者，才能真实地了解和掌握事实的本质和真相。

3. 新闻敏感

新闻敏感性指的是新闻传播者对于具有新闻意义的信息的敏锐捕捉能力。时间永远不会静止，信息层出不穷，如果不能及时捕捉到新闻信息，它很容易就会消失。在特定的时间段内，新闻传播者通过他们的工作经验，已经发展出了对信息的高度精准的识别和深刻的洞见，这主要体现在他们发现新闻线索的技巧上；具备筛选出最具价值新闻的才能；他们甚至能够提前预见新闻事件的发生，从而更早地捕获到相关信息。

4. 文字表达能力

新闻工作的最终目标是写作与报道。尽管广播电视和数字媒体提供了更为丰富和多样的信息传播途径，但新闻传播者依然需要掌握写作技巧和文字表达能力，这也是他们最基础的技能之一。这种能力涵盖了深入的逻辑思考、丰富的语言知识和应用技巧、众多的词语和出色的修辞技巧，以及流畅的对话、翻译和评论技巧。虽然新闻工作注重反应的迅速性，但观众对新闻内容的接受程度与传播者作品的最终展现形式是密不可分的。

5. 驾驭现代采编工具能力

掌握现代新闻采编工具的能力，对于一个健全的新闻传播者来说，是一项不可或缺的技术技能。作为新闻的传播者，他们需要精通各种先进的数码设备，包括录音机、摄像机、照相机、电脑、电子照排、扫描仪等。为了应对日益激烈的新闻市场竞争，不仅需要掌握使用外语进行采访和写作的技能，还需要学习如何驾驶汽车和其他现代交通工具。

（三）作风素质

新闻传播者的作风素质反映了他们在思维、职业和日常生活中所展现的态度和状态。良好的工作作风是成功进行新闻报道的基础，更具体地说，新闻的传播者需要遵循以下几个关键要点。

1. 艰苦奋斗

虽然艰苦奋斗在表面上反映了新闻传播者的工作和生活态度，但其核心实质是新闻事业的党性在个体层面上的集中体现。广大的新闻传媒工作者需要始终保持敏锐的思维，从日常工作和生活中的细微之处开始，确保自己的每一句话、每一个字都有明确的标准，并始终致力于预防问题的发生。你需要始终维持一个头脑清晰的状态。我们应该以客观的态度看待新闻业务，并在实际操作中不断确立和加强为社会和大众提供服务的理念。要建立一种艰苦奋斗的工作态度，就必须与广大人民群众共同呼吸和面对命运。因此，要大力弘扬艰苦奋斗的精神，最关键的一点是要努力保护和发展群众的利益，保持与群众的深厚关系。

2. 实事求是

在新闻行业中，所有正确的思维方式、计划和方案都是基于新闻工作的实际操作，都是建立在客观现实之上的。新闻传播者的主观能动性体现在对客观事物的正确理解和客观规律的掌握与应用之上，但要实现新闻工作的预期效果，他们必须确保自己的思维与客观世界的规律相一致。在思考问题和处理事务时，我们必须重视实际情况。

3. 严谨细致

正确的舆论导向是新闻业务的核心，它需要细致和全面的努力，只有采用科学且高效的传播策略，新闻宣传才能满足"与实际、生活和群众紧密相连"的标准。在新闻和宣传活动中，我们必须确保党的意志与人民的真实声音能够完美结合，并对新闻宣传进行严格和细致的优化。广大的新闻传播人员必须确立一种既严格又细心的工作态度。

4. 敬业奉献

作为新闻的传播者，他们应当将对工作的热爱和奉献精神视为自己的职业标准，并对党的新闻事业持有真诚的态度、充沛的工作激情、旺盛的斗志，以及强烈的责任感和对事业的热情；我们应该全心全意地投入到自己的工作中，从细微之处开始，确保每项任务都做得尽善尽美；我们应该把事业放在首位，对名利看得很淡，努力工作，默默地在自己的岗位上付出，创造出卓越的成果，以满足党和人民的期望。

5. 清正廉洁

新闻行业与社会有着广泛的接触，其工作环境相当复杂，并面临众多的利益诱惑。因此，我们强烈建议新闻传播者要努力工作、勇于创业、严格节约、保持廉洁自律，并努力加强自己的工作作风，确保自己的行为既严格又廉洁。

6. 勇于创新

新闻行业是一个始终与时代同步、不断创新的领域，它提供了宽广的发展空间。新闻创新是媒体在竞争和发展中不可或缺的工具。如果新闻传播者想要在社会实践中准确把握新闻事实的核心，并撰写具有深度思考的报道，那么他们必须培养创新意识，并注重提升自身的创新能力。新闻工作要想充满活力和吸引力，创新是关键，因为只有这样，新闻才能持续发展和取得进步。

三、新闻传播者的职业道德

职业道德是与人们的职业行为紧密相连的，它是职业特性所要求的道德标准、道德情感和道德品质的集合。这既是对专业人员在职业活动中行为的要求，同时也是该职业对社会所承担的道德责任和义务。新闻传播者在其职业生涯中必须遵循的行为规范和标准，即为新闻传播者的职业道德。

（一）新闻传播者的职业道德要求

我国新闻传播者的职业道德要求主要包括以下几点。

1. 全心全意为人民服务

全身心地为人民服务不仅是社会主义道德建设的中心思想，也是社会主义道德观念的集中表达，同时也构成了新闻传播人员的基础目标。新闻传媒应当紧密关注受众的需求，尊崇受众的认知模式，并成为他们的良师和益友。新闻的传播者需要从对国家和人民负有责任的角度出发，站在人民的立场上思考问题，并迅速响应人民的迫切需求。中国的新闻事业是属于人民的，因此新闻传播者应当成为人民群众的代表，始终将人民的利益放在心里，指导自己进行新闻报道。

2. 坚持正确舆论导向

公众的舆论反映了他们对实际社会及其内部各种情况和问题的信仰、观点、看法和情感的综合表达。作为社会舆论传播的关键途径，新闻媒介在反映与大众直接利益有关的议题以及在推动和谐社会建设过程中，应高度重视舆论导向的精准把握。

新闻和舆论充当着社会情绪的"调控者"，如果引导得当，可以有效地促进和保持社会的稳定性。在社会转型的过程中，各种社会矛盾和问题逐渐增多，再加上多元文化和多元价值观的交融，这使得社会舆论变得更加复杂，也使得舆论引导的任务变得异常重要而艰巨。这意味着新闻传媒和传播者必须始终铭记自己的职责和任务，坚守正确的舆论方向，始终以人为中心，营造一个健康的舆论环境，确保人民的权利和社会的公平与正义。

3. 坚持新闻真实性原则

新闻的核心价值在于其真实性。确保新闻内容的真实性，对于新闻的传播者和媒体来说，是最根本且至关重要的标准。为了赢得民众的信任，新闻媒体必须严格遵循新闻的真实性准则。尽管追寻事实真相的旅程可能充满挑战，新闻的传递者仍应持续努力，确保真实反映并真实还原事实。

4. 发扬优良作风

随着时代的进步，新的问题和现象不断涌现，这使得新闻的传播者必须紧跟时代步伐，持续地学习和掌握新的知识与方法。新闻的传播者不只是对现实的"报道者"，同时也是对现实的"阐释者"。随着大众对媒体的认知逐渐增强，他们对新闻传媒的期望和标准也日益提高，这迫使新闻的传播者必须持续地提高他们的专业能力。

5. 坚持改革创新

随着新闻传媒行业的快速进步，新媒体和新技术的涌现使得新闻传播者需要与时俱进，改变传统的媒体生产模式，并善于运用创新的传播策略来增强新闻的传播效果。与此同时，新闻媒体间的竞争日益激烈，媒体的发展模式已从"跑马占地"的数量增长模式，逐渐转变为深度挖掘、扩大规模、追求高质量和专业化的竞争模式。面对剧烈的市场竞争，只有在遵守新闻传播的基本规则的前提下，持续进行改革和创新，我们才能确保自己的稳固地位。传统媒体应当培养创新思维，最大化地运用新媒体技术，多样化地开发信息资源，并构建多媒体信息交互平台，以弥补以往在传播内容、形式和互动性方面存在的不足。创新在许多领域都有所体现，例如制度上的创新、内容上的创新、技术上的创新，以及观念上的创新等。

从满足社会需求的视角出发，观众对于新闻的及时性、即时性和深入性的期望逐渐提高，因此新闻媒体必须通过内容的精彩和创新的传播策略来吸引他们。为了最大限度地满足受众的知情权，新闻传播者需要对受众的需求进行深入的研究，提升传播技术水平，并采用多样化的传播策略，以一种受众容易接受的方式进行传播。

6. 促进国际新闻同行的交流与合作

由于跨文化传播活动逐渐增加，新闻的传播者往往需要在国际交流和对话的背景下进行新闻报道。新闻传媒不仅是向外界展示的平台，更是连接中国与全球的重要纽带。一个国家的"软实力"在很大程度上依赖于新闻媒体的信息传播能力。在这个信息高度全球化的时代背景下，报道重大国际事件的能力成为衡量一个媒体力量和一个国家在国际舆论引导方面能力的关键指标之一。

中国经济的迅猛增长和在国际外交场合展现的负责任形象，吸引了大量的关注和目光。鉴于全球对中国的高度关注，中国民众对于如何描述和解读新闻事件的态度变得尤为关键和紧迫。将中国的声音传达给全球，并为世界展示客观、精确、全方位和积极的中国形象，这是新闻媒体和传播机构所必须肩负的核心职责。

作为新闻的传播者，他们应该培养"走出去"的思维方式，努力推广中华民族的卓越文化，并努力塑造及保护中国的国家形象。另外，新闻的传播者在报道国际议题时，必须尊重各国的主权、民族的传统和文化的多样性。

7. 遵纪守法

新闻传播者在采访和报道活动中，应遵守宪法和法律法规及党的新闻工作纪律，在法律允许的范围内进行新闻报道和舆论监督，维护采访报道对象的合法权益。

（二）新闻传播者职业道德建设的对策

加强新闻传播者职业道德建设，主要可采取以下几点对策。

1. 新闻传播者应加强道德自律

作为新闻的传播者，他们应该持续地提升自己的专业素养，明确自己的职责和使命，确立一个宏观的视角和公正无私的价值观。同时，他们还需要增强对社会的责任感，不断地追求事实的真相，始终反思自己的行为，并努力培养高尚的职业道德，使遵循新闻职业道德成为一种自觉的行为。

2. 完善相关的法律法规

为了鼓励新闻传播人员遵循职业伦理，法律具有不可抗拒的约束力。通过法律手段来明确媒体、新闻发布者、观众、社会，以及管理层之间的职责、权益和义务，确保新闻发布者在法律允许的范围内合法地行使他们的权利和执行他们的职责。

3. 形成监管合力

新闻媒介作为社会舆论的监管机构，同样需要受到社会各个领域的监督和指导。我们应该充分利用各种监管手段的潜能。从一角度来看，我们需要构建一个严格而完善的内部监管体系，并出台相关的规章制度，以确保规范和制度能够真正得到执行。从另一个角度看，我们应该激励大众对新闻媒体进行有效的监控。我们致力于为社会大众提供一个迅速且方便的投诉和举报途径，以处理他们对媒体活动的不满，并周期性地发布关于公众投诉处理的详细报告。

第二节 融媒时代的新闻受众

新闻受众在新闻传播过程中扮演着不可替代的角色。随着中国新闻传播行业的进步，大众对于受众的了解也日益加深。市场经济凭借其强大的影响力，将受众的角色从背后推到了中心位置。对受众的关心、理解和研究，已经成为现代新闻媒体生存和发展的关键路径。

一、新闻受众的内涵

（一）新闻受众的含义

新闻受众是指那些接收新闻信息的个体。由于他们与不同的媒介接触，他们通常被称为读者、听众或观众。对于新闻媒体的拥有者以及新闻信息的创作者和发布者而言，他们最关注的是谁在阅读、听取或观看新闻内容，而这个"谁"代表了他们的目标受众。新闻媒体在信息传播过程中，其目标和方向是受众。受众可以从新闻媒体中获得所需信息，并对这些信息进行评估，然后向信息的传播者提供某种反馈方式。当信息传递给目标受众时，可能会导致他们在认知、态度和行动等方面发生改变。评估新闻媒体传播活动的成效，主要依赖于受众的反应和反馈。

（二）新闻受众的特征

传播者要使信息传播有效地进行，就必须了解受众，明确受众的基本特点。我们把受众的基本特点归纳为以下几个方面。

1. 能动性

由于受众是新闻传播过程中的活跃参与者，他们在接受新闻信息时展现出了显著的主动性。他们对于新闻资讯都持有特定的看法，并会基于自己的认知来评估或决定是否利用所获取的新闻资讯来引导他们的实际行动。换句话说，受众在过去的经验影响下，心理上呈现出一种预设的状态，这使得他们在面对问题时展现出特定的偏好、集中精力和追求方向。与传播者相似，受众也具有高度的自我意识、创造性思维、自尊心，以及对新闻信息的选择、解读和判断能力，因此不容易受到传播者的随意操纵或影响。尽管他们正处于信息传播的最后阶段，作为信息的接收者，他们的接收行为是自愿的、主动的。受众有完全的自由，可以基于他们的兴趣、需求、动机、观点和决心来选择新闻的传播渠道和内容。

2. 广泛性

新闻传播是一种通过各种大众传播渠道（例如报纸、广播、电视等）向广大社会公众进行的信息传递活动，其中所有社会成员，不论其种族、性别、年龄、职业或文化背景，都是新闻传播的主要或潜在受众，且受众数量庞大。随着传播技术的不断进步，人们有了更多的机会与各种媒介互动和参与。特别是在电子媒介时代，无论人们走到哪里，只要是无线电或电缆，他们都可以成为新闻传播的目标群体，这使得新闻传播的受众变得异常庞大和广泛。

3. 分散性

受众的多样性主要体现在两个层面：首先，他们所在的地理位置是分散的，尤其是对于全国范围和多功能的新闻媒体，它们主要服务于来自不同地域的受众。由于各个地区的居民在生活背景、文化传统和风俗上存在差异，他们对信息的需求和接受方式也会相应地有所不同。其次，新闻媒体的受众遍布于社会的各个层面。作为一种无价之宝，新闻媒体正被各个社会层次所利用，以满足他们的各种利益需求。针对不同社会层次的受众，媒体有能力进行市场的细致划分，专注于特定的目标受众，以满足他们的信息获取需求。然而，从一个更广泛的视角来看，新闻媒体应被视为一种社会融合的手段，并应努力确保各个社会层次都能公平地利用媒体资源，同时考虑到不同社会阶层的利益。

4. 混杂性

由于参与者数量庞大，受众呈现出一种多样性的特质。考虑到他们都是传媒的受众，这在某种程度上是一致的。但在他们之间，仍然存在许多显著的个人差异，例如身份和地位的巨大差距、经济状况的不同、文化教育水平和价值观的差异等，这使得他们之间的差异是如此之大。从空间布局的角度来看，世界各地的人们因为新闻传播媒介的作用而被抽象地联系在一起，这使得世界变成了一个"地球村"。从与新闻传播媒介接触的动因来看，不同的受众群体对新闻传播内容有着各自不同的期望和要求。这种复杂性不仅为新闻媒体在满足受众需求方面带来了不小的挑战，同时也为新闻传媒的多元化发展奠定了受众基础。

5. 隐匿性

在新闻传播的全过程中，传播者和受众在时间和空间上都是相互独立的，他们之间很少有直接的互动，甚至可能从未有过面对面的接触。从信息传递者的角度来看，他们对于目标受众的理解呈现出一种模糊和笼统的状态。从信息接收者的角度来看，尽管他们中有一小部分人直接或间接地参与了新闻传播媒体的各种活动，但从整体上看，他们对于媒体来说是相当隐蔽的。

6. 流动性

受众的位置并不是恒定的，他们经常处于变动之中。在挑选传播渠道的过程中，目标受众常常表现出某种程度的随机性。另外，随着社会成员在年龄、职业和社会地位等方面的变化，他们接受信息传播的目标和需求也随之改变，这进一步导致了大众传播的受众结构也发生了相应的变化。

7. 自由性

鉴于受众与传播媒介以及受众与受众之间存在一定的隔离，他们既没有达成接受协议，也没有明确的接受标准，所以新闻和传播媒介对他们并无强制要求。受众在选择新闻媒介和信息内容时，完全是基于自己的需求、意图、态度和意图，而传播者对受众并没有施加任何约束或强制，因此受众在参与或退出传播活动时都是完全不受限制和随机的。尽管受众对传播者有很多期望，但他们的接受信息的方式相对自由，能够毫无拘束地体验大众传媒所传递的信息。

（三）新闻受众的分类

大众传媒的受众群体是由数以万计、各种各样的人组成的。他们不只是拥有各种各样的个性特点，当涉及不同种类的传播活动时，他们也有各自独特的需求和目标。在面对高度复杂的受众群体时，我们可以依据各种不同的准则将他们分类为各种不同的类型，这样可以更好地理解不同受众在信息接收过程中的行为模式，为信息传播活动提供有力的支持，进而提高信息传播的针对性和实效性。接下来，我们将探讨几种用于区分新闻受众的准则。

1. 按照接触的媒介类别进行分类

基于所接触的媒体种类，我们可以简洁地将受众划分为读者、听众、观众，以及网络用户。

读者作为印刷媒体的接受者，他们的主要接触途径是"阅读"，这涵盖了书籍、期刊和报纸的读者。在信息接收方面，读者具有较高的自主性和灵活性，而文化程度则是限制其接受活动的一个重要因素。通常情况下，具有较高文化修养的受众主要受到多种印刷媒体选择的影响。

听众主要是通过广播、录音等媒介来接触的，而这些媒介的主要接触手段是"听"。目前，个体收听和群体收听都是可行的选择，但个体收听的数量相对较多。在内容和时间的选择上存在明显的限制，主要集中在听取新闻和音乐上。

电视、电影、录像等电子媒体的观众主要通过"观看"来获取媒体内容，同时也通过"收听"来辅助他们。虽然影视的观众大多以集体形式出现，但现在更多的是个体观众。观众的独立性相对较低，不受其文化程度的束缚，他们追求的娱乐目标更为突出。

网络用户构成了互联网的主要受众群体，他们主要通过上网来获取媒体内容。网络用户能够及时且丰富地接收信息，他们拥有较高的自决权，可以选择的内容种类繁多，且不受其文化程度的制约。值得注意的是，这四种类型的受众并不是完全独立的，它们很有可能是相互交织的。同一个目标受众，可能同时是读者、听众、观众或者网络用户。

2. 按照受众的规模进行分类

根据新闻的受众规模，我们可以将其分类为大众和小众两大类。

大众受众不仅数量众多，而且分布相当广泛，他们之间存在明显的差异性，对各种信息，如时政、经济、文化和社会新闻，都有着普遍的需求。大部分电视台的综合频道主要是为了满足广大观众的需求。小众受众代表了一群特殊的人群，他们对信息有着独特的需求。这些受众对媒体的期望与他们的身份、工作、文化背景和个人兴趣紧密相连，例如某些专门的电视频道，主要针对这一特定的小众群体。还存在一些专门的报纸和杂志，它们主要服务于从事特定职业或具有特定兴趣的读者群体。对于一个单一的信息接收者而言，他既有可能成为大众观众的一部分，也有可能是小众观众的一部分。换句话说，他不仅拥有与大部分人相匹配的信息需求和媒体使用习惯，还具备独特的信息需求和媒体使用习惯。

3. 按照对新闻信息的关注程度和内容的范围进行分类

根据受众对信息的关注度和他们关心的内容范围，我们可以将其划分为普通受众和专业受众。

普通受众的一个普遍特点是，在进行信息传播时，关注焦点相对分散，并没有明确的专业偏好，这在很大程度上是为了满足他们的好奇心、审美观和娱乐需求。这种类型的受众数量庞大、居住地点分散且彼此不愿公开，没有共同的兴趣和爱好，个性各异，因此成为大众传媒的主要传播目标和研究焦点。

专业受众的一个普遍特点是，他们在信息传播过程中高度集中注意力，并对信息的接收有很高的专业标准。具有特定兴趣和偏好的受众在参与传播活动时，往往具有更强烈的目的性和功利性，他们更倾向于关注与自己的兴趣和爱好有关的专业问题，或者是为了解决在工作和生产过程中遇到的专业问题。随着我们物质和精神生活的日益丰富，目标受众的数量也在持续上升，这也为信息传播者带来了新的挑战和期望。随着各种具有专业性质和专业性的新闻和信息媒体的不断出现，它们极大地满足了有特定兴趣的受众的需求，这也体现了传播媒介正在朝着更加专业化的方向发展。

4. 按照受众的素质和在社会生活中所处的地位进行分类

根据目标受众的品质以及他们在社会和政治生活中的角色，我们可以将他们分类为积极和消极的受众。

所谓积极受众，是指那些接受过高质量教育，并从事学术研究或实际组织活动的知识分子。他们对所有事情都持有自己的观点和立场，对新闻和传播媒体持有选择性和批判性的态度，能够充当舆论的引导者。在新闻传播的过程中，他们会主动选择并积极追求某一条新闻信息，这是因为他们期望并坚信这些信息能够满足他们的需求，并帮助他们实现特定的目标。

所谓消极受众，指的是那些文化水平相对较低、重视基本生活需求的普通人。他们缺乏坚定的观点，因此更容易受到传播内容和积极受众的影响，成为新闻媒体最广泛的受众群体。他们是否继续或中断新闻的接收通常与他们的个人意图无关，这可能因为他们无法回避、没有其他选择，或者因为他们随意地浏览或尊重某种生活方式。显然，在新闻传播的过程中，很多人可能既是积极的受众，也可能是消极的受众。

5. 按照新闻媒介明确的传播对象进行分类

根据新闻媒体所确定的目标受众，我们可以将其分类为核心和边缘两类。

新闻媒体对整个社会是开放的，从理论角度看，每一个社会成员都有可能成为某一种媒体的目标受众，并且受众也有权选择各种新闻媒体。然而，实际情况并不是这样，大多数观众对特定的新闻媒体，尤其是媒体上的某一特定栏目或节目，有着浓厚的兴趣，而这部分相对稳定的观众正是新闻媒体的主要受众。它不仅是媒体追求的最关键目标，也是媒体生存和发展的核心所在。媒体在内容的挑选、栏目的构建及风格的定位等方面，往往都是从核心受众的需求出发，进行精心的策划、设计和编排。因此，新闻媒体通过确立其独特的传播内容和风格，成功吸引了各自的核心受众。这些核心受众的兴趣和信息需求反过来也在不断地加强媒体的传播个性。在当前观众群体多样化和分化的大背景下，确立核心受众对新闻媒体而言变得尤为紧迫和关键。为了实现媒体的分流、多方向和多层次的发展，首要任务是确立清晰的核心受众观点。无论是媒介的总体结构还是其特定的栏目设置，都应强调其独特的传播风格和鲜明的个性特点，并在确保核心受众的基础上，努力扩大其受众范围。

那些不属于核心受众的群体被称作边缘受众。尽管他们并不是特定媒体、栏目或节目的固定受众，但他们也有可能对这些媒体、栏目或节目产生某种程度的关注和兴趣。在新闻传播的过程中，那些隐藏或隐含的受众被称作边缘受众、潜在受众或隐性受众。如果我们认为核心受众是媒体发展中必须稳固的部分，那么边缘受众则是媒体在扩展其生存领域时应当追求的目标。当新闻传播媒体遭到核心受众的冷落或忽视，或者被核心受众遗弃时，他们会将所有的希望寄托在边缘受众身上，期待能够挖掘这部分潜在的受众市场，获得这些"未来受众"的喜爱和支持，从而使新闻传播活动重新焕发活力。

6. 按照人口统计学原理进行分类

基于人口统计学的理念，我们可以根据受众的性别、年龄、职业定位和教育背景等因素，将其分类为不同的子群体。同一个群体在信息需求和新闻获取方式上具有高度相似性，这突出了他们之间某种心理上的相似性。例如，观众可以根据年龄被分类为老年、中年、青年以及少年儿童等不同年龄段；根据户籍类型，观众可以被划分为农村和城市两大类；根据文化水平的不同，观众可以被划分为具有大学或更高文化水平的观众、具有中学或更低文化水平的观众，以及小学或更低文化水平的观众等几个不同的受众群体。受众在日常生活中所展现的自然和社会特质的不同，会对他们在选择和理解传播内容时产生影响。因此，在进行传播活动时，也需要考虑到受众的自然分类，从而确定合适的传播策略和内容。

（四）新闻受众的不同角色

1. 媒介产品的消费者

观众所接触到的是特定的媒体内容，例如一份报纸、一本新闻杂志或一个电视（广播）节目。通常情况下，他们是通过支付特定的费用来获取媒介产品的。当他们阅读、听取或观看媒介内容时，实际上是在"消费"媒介产品。当我们将受众视为媒介产品的使用者时，我们主要是从市场的视角来探讨受众在选择某种媒介产品时的驱动因素和决策过程。

影响观众购买媒介产品行为的因素是多种多样的，包括观众内在的强烈需求，以及受到外部环境影响的社会因素。当观众选择购买某种媒体产品时，他们可能是基于对新闻内容的迅速、精确和深入的渴望，或者是为了寻找娱乐和放松心情。从社会的角度分析，当受众选择购买某种媒体产品时，这首先是一种社交互动和自我认同的过程，他们通过与特定的新闻媒体的接触来更好地融入社会，从而达到某种价值的提升。再者，观众是否倾向于选择某种媒体产品，这与该媒体的宣传策略和其包装方式密切相关。从更广泛的角度看，媒介在社会中的形象，包括其知名度、美誉度和品牌定位，都会对观众的选择产生影响；从微观角度看，媒体对其特定产品的宣传和推介能够帮助观众做出明智的决策。考虑到媒体是否拥有独特的新闻内容，媒体会发布怎样的系列报道呢？如果一份报纸的头版设计极具吸引力，那么它有潜力吸引更多的读者群体。再一次强调，观众在消费媒体产品时的行为与某一特定时间段内的社会舆论也存在某种程度的联系。当大型灾害发生时，人们往往会更加关心新闻媒体的报道；在社会结构经历某种转变的情况下，新闻媒体成为了人们主要的信息获取途径。

把受众的角色定位为"消费者"，可以促使媒介经营者积极地参与媒介的激烈竞争，产生危机意识，并能从受众的需求出发，制作和传播满足受众需求的媒介产品。所以，对于受众的媒介消费行为，我们应该以理性的态度去对待，而不能简单地用市场的指标去评价媒介的表现。

2. 新闻传播的参与者

新闻的受众是新闻传播过程中的一部分。新闻受众，作为新闻传播的三大核心组成部分之一，位于新闻传播流程的末端，他们是新闻传播的最终执行者。真正的新闻传播和新闻文本，只有在新闻受众的视角下才能被认为是真实存在的。

观众有多种方式可以融入新闻的传播过程中。总结来说，存在五种主要方式：第一点是在接收到媒体内容后，通过传统的书信、电话或电子邮件等途径来表达自己的观点、建议和意见；第二点是为新闻媒体提供新闻的线索和素材，也就是作为消息的来源参与其中；第三点是为新闻媒体提供建议性的信息（如新闻评论），进一步丰富了新闻媒体作为"公众领域"的意义；第四点是积极参与媒体传播活动，例如参与一些在演播室内录制的电视新闻对话节目；第五点是作为媒介受众调查的一部分，为媒体在制定传播战略时提供实际的参考依据。新闻媒体的进步与受众的积极参与是分不开的。因此，媒体经营者应当高度重视受众的反馈，为他们提供多样化的反馈渠道，并确保"受众参与"的观念在整个传播过程中得到充分体现。

3. 新闻受众是被动的接受者

当受众与新闻传播接触，并接受由新闻媒体发布的消息时，他们在接收和了解新闻内容的过程中，无疑会受到传播者的观点所影响。尽管在传播者与受众身份相匹配的情境下，情况可能会有所改变，但最终的新闻内容还是由传播者首先发言，然后由传播者选择说什么或选择不说什么，来决定受众能够观看的新闻内容。

4. 媒介信息的解读者

观察信息传播的全过程，我们可以看到信息是从传播者传递给受众的，其中信息的载体是符号，传播者扮演编码者的角色，而受众则是解码者，他们会根据接收到的符号进行解读。观众不仅能够理解符号所蕴含的明确含义，他们还可以解读符号背后的隐含意义，并在某些情况下为符号注入新的解读。观众在解读时展现出了巨大的独立性。解读得出的结论可能与传播者的初衷相吻合，也有可能与传播者的目的完全对立。观众的解读方式与其所处的特定环境和语境紧密相关，这背后蕴含了丰富的个人情感和社会文化背景。例如，个体的知识储备、生活经验、特定社会的文化和习俗、特定社会环境下的价值观需求，以及特定社会阶层的情感反应等。对于相同的媒体内容，不同的观众在解读时可能会有不同的理解和看法。对于信息的传播者而言，他们应当提供来自多个视角、多个层次和多个来源的资料，这样可以帮助受众更深入地理解内容，从而提高信息的传播效果。此外，观众对于媒体信息的理解与他们在日常媒体互动中的经验积累之间存在着紧密的联系。比如，那些经常浏览深度新闻报道的读者，在解读新闻内容时，往往能够拥有一个更为全面的观点，并且更容易得出相对中立的看法。

5. 新闻受众是新闻传播最权威的检验者

通常情况下，新闻传播的成功或失败取决于专家、领导和传播者的观点，但最终决策权还是在受众的看法和意见上。受众对于新闻传播的真实看法，以及其对新闻传播成果的决定性影响，都使其成为新闻传播领域中最具权威性的评估和评价者。此外，观众往往会毫不犹豫地直接分享他们对新闻传播的看法和评价。这一特点在网上的用户中尤为明显。当上网者仅是接收信息时，他们被称为"网络受众"。他们不仅通过浏览等手段来获取信息，还经常进行信息的发布和传播，他们既是信息的传播者，也是信息的接收者。由于网络的存在，观众往往不仅是新闻事件的发起者和推动者，甚至成为主要的参与方，成为新闻报道的核心和焦点。随着移动互联网技术的不断进步和网络传播工具的日益完善，网络用户的参与意识预计会更加丰富和完整，他们参与的范围也会进一步扩大，新闻事件的参与度也会增加，同时网络用户的责任意识也会得到进一步的加强。

（五）新闻受众的作用

1. 受众选择对新闻内容的决定性影响

新闻传媒的目标受众和被新闻传媒明确定位的受众，反过来形成了对新闻传媒的严格约束。这些受众无疑会对新闻传媒的编辑策略产生影响。因此，新闻传媒在报道新闻时，必须考虑到受众的即时新闻信息需求。观众通常是通过表达对新闻报道的接受或放弃，以及对新闻传播的认同或反对的态度，来实际地影响新闻媒体对新闻内容的取向。

受众在选择传播内容时的偏好，主要是通过为传播者提供"前馈信息"和"反馈信息"来实现的。

所指的"前馈信息"是指观众对于信息传递有预先期望的信息内容。在信息开始传播之前，传播者通常会采用调查的方法来收集信息。由受众提供的前馈信息，对于传播者来说，能够帮助他们更好地理解受众在传播过程中的心理和实际需求。基于这些调查数据，传播者可以制定更有针对性的传播策略和方案，从而更准确地确定传播的内容、形式和方式，这无疑会产生深远的影响。

所指的"反馈信息"实际上是观众对于新闻传播成果的反馈信息。它代表了受众作为信息反向传递的核心，对正向传播接收到的事实信息进行意见的呈现和反馈。根据观众提供的反馈，新闻媒体有能力调整其传播的内容、方式和手段。观众可以通过热线电话或短信留言等多种方式，主动地向信息传播者反馈他们对接收到的新闻事实信息的观点、看法、建议和需求。

由受众提供的反馈信息，在传播者根据这些信息调整其后续的传播内容、方式和手段时，起到了至关重要的作用。当受众接收到新闻事实信息时，他们可以根据自己的观点、意见、建议和需求，主动地向信息的发布者进行反馈。新闻媒体会根据观众的反馈，适时地调整和完善其传播内容和其他服务。

随着网络媒体的兴起，由于互联网传播的便捷性，观众可以更为方便和自由地分享他们对媒体传播的看法和反馈。这代表了一次意义深远的转变。这是因为它彻底改变了过去受众作为信息传递的接收者，缺乏对传播过程的主动参与的被动状态，真正掌握了作为传播过程的"双主体"之一在传播过程中的主导权。

2. 新闻受众对新闻传媒的做派及其风格具有重要影响力

所谓的媒体风格，实际上是指一家媒体在报道传统、栏目设计、版面布局，以及语言表达风格方面的综合称谓。这是一家媒体根据其预设的社会和市场定位，根据受众的实际需求，不断调整和改进其传播方式和行为风格，经过长时间的积累而形成的。当一家媒体的独特风格被塑造出来，并得到社会与大众的广泛认同和肯定时，它的风格就会显示出相对的稳健性。观众对媒体风格的影响主要体现在他们对特定媒体的阅读（如收听和观看）习惯和购买行为的塑造，以及由此产生的对该媒体的心理认同。

3. 新闻受众对新闻传播的变革和创新具有强大推动力

所有的新闻传媒都不是永远不变的，它们始终需要经历持续的变革。新闻传媒的变革和创新受到新闻受众需求变化的驱动，同时也是其发展的基础和方向。为了满足新闻受众的期望和需求，新闻传媒始终遵循着摒弃过时内容、发挥优点和规避缺点的策略。由于全球和外部环境都在不断地变化，新闻的传播方式也在持续地调整，因此，观众的需求和观点始终是在不断地变化和调整中。观众会在适当的时机对新闻传媒提出各种改革的需求，并给出明确的反馈，甚至通过遥控器进行"投票"，从而促使新闻传媒适时地调整其新闻传播的内容和方式。

4. 新闻受众对传播主体的工作具有评价监督权

为了确保新闻传播的顺利进行并持续提升其质量和水平，对传播者的传播行为以及信息传播的全过程和效果进行全面的检查、评估和监控是至关重要的。从深层次来看，这一切都是由观众来决定的。只有当受众给予认同并给予正面评价时，我们才能称之为真正的好。显然，观众对于新闻传播的行为和效果的监督和评价是至关重要的。当人们评价新闻媒体时，最普遍且最有权威的标准是他们对媒体接触的深度，例如报纸的发行数量、电台节目的观众接受度、电视节目的观众收视情况，以及互联网新闻的点击率等。

在新闻传播的全过程中，受众所扮演的关键角色，在某种程度上，是决定传播成功与否的关键因素。因此，激发受众的主观能动性，让他们在新闻传播过程中能够积极支持和配合新闻媒体，主动参与新闻传播活动，就变成了新闻传播过程中的一个关键环节。

二、融媒时代新闻受众的需求与心理满足

（一）新闻受众的需求

学者们在受众需求方面已经取得了大量的研究成果。在国内，一些学者持有这样的观点：（1）新闻受众的基础需求是获取与他们的日常生活和生存息息相关的新闻资讯；（2）对知识的渴求；（3）对于文化和娱乐的需求；（4）社会服务的提供需求。

在我们看来，新闻受众的需求是多元化的，不仅包括对新闻信息和媒体的需求，还涵盖了基础需求和特定需求的区分。

新闻受众对于信息和媒体的需求是紧密相连的，尽管它们之间存在差异，但大多数时候，人们更多地关注的是受众对新闻内容的需求。观众对新闻媒体的需求主要体现在三个方面：首先，他们在接收信息的同时，也需要通过媒体来表达自己的观点和意见；其次，新闻媒体成为了公众参与社会、政治、经济和文化活动的"公共空间"；最后，现代的新闻媒体已经变成了社会大众日常生活中不可或缺的一部分，人们对这些媒体产生了某种程度的依赖。

观众对新闻内容的期望可以通过各种方式展现，而我们的焦点是对这些基础需求的分析。这些需求主要可以被分类为物质上的功利性需求和精神上的情感需求。

物质功利需求包括以下几方面。

（1）对于重要事项的信息和观点，存在着供应的需求。在社会环境中，人们有责任了解各种信息，以便更好地利用这些信息并规避潜在风险。然而，由于个人的社交圈子和信息来源相对有限，新闻媒体每天都在提供重要事件的最新消息和观点，这成为了公众普遍接受且效率极高的信息传播渠道，也是观众最迫切的需求。

（2）对日常生活援助的需求存在。新闻报道中有很大一部分内容与大众

的日常生活息息相关，同时，众多媒体也致力于为公众提供日常所需的帮助，例如公共交通、升学和就业机会、市场动态等，这些都占据了新闻报道的大部分内容。

（3）为了满足社会交往的需求，我们需要扩大与社会的接触范围。进行社交互动是人类社会的一种普遍特性，而与人交往的需求则是新闻受众所追求的关键层面。通过搜集新闻资讯来进行社交互动，实际上是人们在人际和群体交往中的进一步拓展和深化。

（4）对于文化和教育的迫切需求。在现代社会中，教育已经超越了传统的学院模式，转向了普及全民教育和终身学习的方向。相较于学院教育，利用新闻资讯来获取知识和进行道德教育变得更加频繁和关键。

具体而言，精神和情感的需求涵盖了以下几个方面。

（1）对于娱乐的渴求。这包含了对美的欣赏、有趣的体验、激动人心的刺激、具体的文化娱乐活动以及消除不愉快情绪等方面。

（2）作为伴侣的需求。这包含了利用休闲时光、期望与他人共同分享快乐和悲伤等情感。

（3）对好奇心的渴求。这包括满足好奇心以成为一个信息灵通的人，以及在无危险的环境中追寻好奇心等方面。

上述的各种受众需求都是在一个宏观的视角下进行探讨的，但当涉及特定层次的受众或特定的新闻事件时，受众的需求和焦点可能会有所区别。观众可以根据自己的文化水平、经济条件和年龄等因素进行层次划分，同时，他们的需求也可以根据这些因素进行相应的分类。

（二）新闻受众的心理

1. 求真心理

观众渴望获取真实的资讯，而在人们开始接触新闻之前，普遍持有这样一个观点：大众传媒传递的消息是真实无误的。因此，观众接触新闻的主要动机是追求事实真相。新闻媒体作为环境守望者，凭借其敏感的感知能力，为大众提供关于环境变化的第一手资讯。在错综复杂的社会背景下，观众期望通过新闻媒体深入了解事实真相，并为决策过程提供有益参考。追求真实不仅要了解事件的经过和后果，还需明白事件发生的原因。真相的公开满足了公众的知情权，有助于消除疑虑，并减少不必要的推测。

2. 求新心理

这里所说的"新"具有多重意义，至少涵盖时间和内容上的"新"。时间维度上，"新"代表观众对各类信息占有的心态。随着现代生活节奏加快，观众对新闻时效性的期望更高。完善的传播技术和设备为新闻快速、实时传播提供了必要支持。观众对新情境、经验和趋势的持续追求，正是新闻存在的核心意义，也是其持续发展的动力。

内容层面上，"新"指观众对未知、新奇和创新事物的追求。心理学中的反射原理表明，新奇、独特和刺激的事物更容易激发心理愉悦和兴奋，促使人们集中注意力、增强理解。观众对新奇事物有天然好奇心，因此传播者需擅长捕捉各种新变化。奇异事物因其出乎意料的特性激起强烈好奇心，意味着新闻传播者需深入社会生活，探索新话题，展现新观点。

3. 求趣心理

后工业化时代，人们不仅渴望实用信息，还期望在新闻中寻找乐趣。现代社会的快节奏和巨大工作压力下，闲暇时人们希望放松、减轻压力。因此，硬性新闻常显得乏味，而富有趣味、轻松、人情味和故事性的软性新闻则提供轻松愉悦的体验，释放压抑情感。

4. 求近心理

新闻受众在接收新闻时，常表现出对与自己状态相似新闻的"认同感"。这种求近心理驱使观众在接收新闻时展现巨大主动性。接近性涵盖生活理解、地理位置、文化背景和情感体验。具有接近性的新闻常引起集中选择和认同。

共鸣是认同的深层体现，指观众对感兴趣新闻的持续兴奋和情感升华，这种共鸣会形成情绪效应和社会影响。

5. 参与心理

随着观众主体意识增强，他们不再满足于做新闻旁观者，而希望参与传播过程。受众享有"传媒接近权"，即社会成员有权利用传播渠道表达观点、参与社会和文化活动。这种权利也意味着传媒有义务向受众开放。观众期望通过媒体表达感受，分享对特定事件的看法，并希望观点成为公众舆论的一部分。尤其当新闻触动情感时，观众更急切地表达观点并通过媒体分享。新媒体技术，尤其是互联网，提供了更多参与机会，满足参与需求。

6. 易得心理

易得心理指新闻受众希望轻松方便地获取媒体和内容的心态。

观察受众获取新闻途径，他们常选择容易且成本低的媒体。自 20 世纪 80 年代，我国新闻受众获取信息的渠道经历了三次重大调整。20 世纪 80 年代初，中央人民广播电台的全国听众调查显示，53% 的听众通过广播获取新闻，34% 阅读报纸，13% 观看电视，这主要由于广播的普及和低成本。1988 年的调查显示，电视成为三大传媒领军者，广播紧随其后，因电视快速普及。20 世纪 90 年代，电视仍是首选，而报纸新闻受众超越广播，表明报纸在激烈竞争中取得进步。即便相同媒体环境下，易得性也是关键考量。内容相似时，受众更倾向选择发行渠道流畅、质量高、价格合理、印刷上乘的报纸。

新闻受众的易得心理也体现在呈现方式上。若新闻音质优美逼真，画面清晰美观，版面设计生动有趣，文章结构流畅简练且有个性，受众更容易接受并乐于接受。

（三）受众需求、受众心理与中国当代新闻改革

易得心理描述的是新闻受众在选择媒体和接收新闻内容时，所表现出的期望能够轻松、方便地获得的心态。

在研究受众如何获取新闻时，他们通常偏向于选择那些容易获得且成本低廉的传媒途径。从 20 世纪 80 年代开始，我国新闻观众在选择信息来源时的权重经历了三次显著变化。在 20 世纪 80 年代初期，中央人民广播电台进行的全国听众调研结果揭示，53%的全国听众首批通过广播获取新闻，34%的人倾向于阅读报纸，而 13%的人则选择观看电视，这主要得益于广播的广泛传播和较低的制作成本；依据 1988 年中央人民广播电台发布的全国听众调查数据，电视媒体已崭露头角，成为三大传媒之一，广播媒体紧随其后，电视在中国的迅速普及是一个关键因素。到了 20 世纪 90 年代，电视仍然是新闻的首选渠道，而报纸的新闻受众数量已经总体超过广播的受众，这表明报纸新闻在激烈的市场竞争中取得了显著进步。在挑选新闻受众的过程中，即使在相似的媒体环境下，信息的可获取性也被视为核心的评估标准。在内容相近的情况下，读者更可能倾向于选择那些发行渠道顺畅、质量上乘、价格合理且印刷质量优秀的报纸。

新闻呈现的方式标准也反映了受众的易获取性。如果新闻内容的音质既出色又栩栩如生，视觉效果既清晰又具有审美价值，版面设计既富有活力又引人入胜，以及文章结构既简洁又有个性，那么这类新闻更容易被观众接受并愿意接受。

三、融媒时代新闻受众的定位与权利

（一）新闻受众的定位

对于各种类型的新闻媒体来说，观众的互动和选择始终是实现其所有功能目标的首要条件。不管从哪个角度看，观众在媒体的成功或失败以及其持续存在上都是一个非常关键的限制要素。为了在市场中取得优势并吸引更多观众，媒体必须做出选择。要在市场中站稳脚跟并吸引更多观众，首先需要明确新闻媒体及其特定栏目的目标受众，这意味着要明确媒体的总体目标和所创建栏目的具体受众，并解决信息应该传达给哪些人以及为哪些人提供服务的问题。为了精确定位目标受众，我们需要深入理解受众定位的关键因素和确定受众定位的策略。

1. 受众定位的要素

（1）受众的区域

尽管新闻媒体是一种高度开放的大众传播手段，但得益于现代传播技术的进步，其信息产品能够在全球各地自由传播，实现全球范围内的信息共享。然而，对于各种独立的媒体来说，它们的传播范围通常都是特定和有限的。因此，媒体需要确定特定区域内的受众作为主要的传播对象，然后根据该区域内核心受众的兴趣和信息需求来指导自己的内容选择和风格定位。尽管各种媒体的操作方式各不相同，但它们的核心受众都是特定地区的观众。当某一特定区域的观众被确定为中心时，媒体的策划和设计主要会以他们的实际需求为出发点之一。

（2）受众职业和身份

虽然都居住在同一座城市中，但不同职业背景和身份的人们，他们的兴趣和爱好往往有很大的差异。在媒体进行目标受众的定位过程中，很难完全捕捉到所有职业背景下受众的所有需求和喜好。明确新闻媒体主要目标受众的职业定位是确定其目标受众的核心要点。各种媒介都应重视以各种职业和身份的观众作为主要受众。目前，在我国大量出现的晚报和都市报中，都明确将所有市民作为其主要受众群体。不论这些受众之间存在多少其他差异，包括省长、市长和大学教授等，他们在晚报和都市报面前都持有一个共同的身份，那就是市民。这些报纸的显著特点是以市民为主要受众，并以服务市民为核心办报宗旨。考虑到报纸是为市民设计的，市民最关心的是他们的日常生活。因此，报纸的内容主要强调服务和生活方面的软性内容。市民通常会选择阅读晚报或都市报，这些报纸主要是为了休闲娱乐。因此，报纸的设计尽量强调娱乐性，展现出休闲的氛围，风格温暖，富有人情味，编排方式既灵活又多变，充满都市气息。

（3）受众的年龄

各个年龄段的人们对信息的需求各不相同，老年人更倾向于健康知识和养生方法等板块，中年人更喜欢"硬新闻"，而年轻人则更希望了解游戏、娱乐和时尚等方面的信息。因此，年龄在观众定位中起到了不可替代的作用，它在某些情况下甚至是决定收视率、发行量和广告收益的关键要素。绝大部分的白领出版物和电视节目主要针对消费能力较强的中青年群体。鉴于报纸的特性，其内容应强调深度，详细解释其重要意义，并深入探讨其背后的原因和影响。同时，应多发布与政治、经济和文化相关的重要新闻，以满足决策者和知识者的信息偏好，并为他们提供决策参考。此外，即便在相同的年龄范围内，由于身份和职业的差异，人们的信息需求也可能会有很大的不同，因此，我们需要综合考虑身份和职业的因素。

（4）受众文化教育程度

受众的文化和教育程度也影响了他们对媒体传播内容的喜好和理解能力。通常情况下，与电视观众相比，报纸读者的教育水平普遍更高，这是因为要想成为报纸的忠实读者，首先需要掌握识字技能。相较于晚报和都市报，大型综合性日报的目标受众具有更高的文化修养，同时时政类新闻节目的受众文化修养也超过了娱乐类新闻节目的受众。主流媒体通常将其目标受众定位为接受过大专或更高教育的人群，这一特定群体是社会上的强势力量，具有较高的话语权和投资决策能力，因此成为广告商特别青睐的目标群体。总的来说，各种媒体和栏目都有其独特的功能和特点，我们需要细致了解受众的文化背景、教育水平，以及他们的理解能力和信息需求，这样才能为他们确定合适的内容和风格。

2. 受众定位的方法

（1）综合定位

综合定位是根据前述的两个或更多影响观众对新闻信息需求的因素来进

行的。仅依赖单一的定位要素是不足够的。新闻媒体在进行整体定位时，可能过于偏重某一或几个要素，这主要受到受众市场的需求和媒体本身特性的影响。因此，在实际操作中，这样的定位策略是非常必要的。

（2）动态定位

动态定位意味着新闻媒体的目标受众并不是一成不变的，它的科学性和实用性需要通过媒体的实际经营经验来验证。此外，新闻传播的目标受众正在经历不断的分化和变化，目前的定位可能不会持续很长时间。简言之，新闻传媒机构应当基于反馈如定位误差或不适的信息来进行相应的定位调整。

（3）分层定位

所谓分层定位，是指媒体的各个分支层次根据影响观众需求的关键因素，逐渐进行层次化的定位。关于电视频道的专业化运营和发展，已经得到了广泛的共识。频道的专业化和对象化是否能够成功，首先取决于频道的定位是否准确；频道的定位准确性是基于对目标受众分类的细致程度来决定的。以中央电视台为研究对象，根据观众的多样化信息需求，全台共划分了 22 个不同的专业频道，包括财经频道、体育频道、电影频道、新闻频道以及少儿频道等。通过观察这些频道的命名，我们能够洞察到每个频道所遵循的价值导向的整体标准。不论频道的名字如何，其核心目标始终是为观众提供服务，这也是由频道的目标受众所决定的。从目标受众的细分视角出发，专业频道的首要任务是解决其核心受众的问题。在这个以分群消费为特点的现代社会里，一旦专业电视频道的核心观众群体被确定，边缘和潜在的观众群体也会相对容易掌握。

此外，频道的功能定位是通过其栏目的设计来明确的，而栏目的构建也需要根据频道的整体策略来进行规划和设计。换种方式表达，只有这个特定的频道才能拥有栏目，而这个频道的确定只能基于这种特定的栏目。从目标受众的细分视角出发，只有当栏目的受众定位更为精细时，它才能更明确地展现其核心主题，更有效地满足观众的期望，从而确保节目的高质量并吸引一个相对稳定的观众基础。频道的受众定位是否精准，对于频道的专业成功和整体竞争力的提升具有决定性的影响。

（二）新闻受众的权利

受众不仅仅是信息的接收者，在国家的社会生活和法律意义上，他们也是公民，享有作为公民在法定范围内应当享有的所有权利。新闻受众的权益是指新闻受众在新闻传播过程中所享有的各种权利，这是法律规定的公民权利在新闻传播领域的具体体现，或者更准确地说，是通过新闻媒体来享受一些法定的权利，主要包括以下几类。

1. 选择权

观众享有通过各种大众传媒渠道自行挑选信息产品和新闻服务的权利，这也是法律所授予他们的一项基础权益。根据《中华人民共和国宪法》第四十七条，中华人民共和国的公民享有进行科学探索、文艺创作，以及其他文化活动的自由。根据《消费者权益保护法》的第九条，消费者有权自行选择他们想要的商品或服务。这些条款明确指出，在大众传媒环境中，观众在面对各种新闻媒体和信息时，有权根据自己的需求、兴趣、爱好以及可用的传播方式来自由选择——无论是喜欢还是厌恶，是接受还是拒绝，是阅读还是观看，没有人有权进行强制。对于这批新闻产品，消费者——也就是受众——享有比较、识别和选择的自由，同时也有权拒绝商家——作为新闻媒体进行的强制性交易。

2. 知情权

知情权，也被称为获知权、知晓权、知悉权等，是指公民有权获取与社会公共领域和个人相关的信息，这包括政治知情权、司法知情权、社会知情权和个人信息知情权（例如出生情况、亲生父母等）。在新闻传播的领域内，公众有权向新闻传媒机构索取他们作为社会成员应当获得的各种真实新闻资讯，并有权及时了解政府、行政部门等相关的公共信息，以及国内外每日发生的重要或有意义的事件，这是公众的基本权益。根据新闻受众的知情权条款，新闻媒体有责任确保公众的知情权得到保障，并应积极地履行其相关的职责和义务。对于需要报道的内容，应及时进行报道，而对于需要传播的内容，应进行公开的传播，以确保新闻受众的知情权得到充分保障。

更明确地说，观众的知情权涵盖了以下三个方面的需求。

（1）了解大众传播者的传播目的和意图，并对这些传播意图和目的进行监控。例如，传播者可以通过提供背景材料的方式，向观众详细解释节目策划的各个方面，包括策划的目的、意图和预期的效果等，这样可以帮助观众更加明确自己的意图，更准确地接收和理解信息，从而避免产生盲目和误解。

（2）拥有了解真实信息传递的权益。真实性构成了大众传媒内容的基础准则，观众有权获得真实无误的信息。为了确保新闻受众能够接触到真实的资讯，广大的传播者必须不断提升自己的专业技能和职业伦理，以一种认真和负责任的方式来收集、制作和传播新闻，同时也要密切关注受众的反应和反馈。

（3）拥有了解自己实际情况的权益。一个人的真实状态不仅涵盖了外部环境的实际情况，如其在社会中的地位和在信息传播中的角色，还包括了其真实的需求、情感、意志，以及在接收信息时的态度和行为变化等方面。只有当受众真正了解自己的实际状况时，他们才能基于这一信息，对整个传播过程进行评估。

3. 表达权

从广义上讲，表达权也被称为表达自由，意味着公民可以通过口头、书面或其他特定方式来表达自己的观点或信仰，这包括了言论、写作、出版、新闻、集会、结社和游行示威等多种形式的自由。在新闻传播的范畴内，观众有权使用各种媒体工具和手段来公开发表或传达自己的观点、立场、信仰和情感，而不会受到任何个体或组织的非法干预、限制或侵害。受众所要传达的信息可以是向新闻媒体反映他们所遭遇的真实情况，也可以是在新闻媒体上分享对某一事件的看法，或者是对大众传媒的反馈，甚至可能是对新闻媒体对观众心理和精神造成的伤害和污染的举报和控诉，同时也可以对维护受众权益的努力提出批评和建议。

新闻媒体以及相关的管理机构应当给予他们表达意见的机会，并为他们创造一个表达的场所和平台。在任何情况下，新闻媒体都不应拒绝受众提供的准确且具有新闻价值的观点，也不应任意限制或削减新闻受众的表达自由。特别需要保障基层观众的发言权利，并将媒体的版面和时间归还给他们；为了保障观众的评论自由，我们必须确保所说的内容是值得报道的，即使是听起来不太好的，也要进行公开播放。

4. 批评监督的权利

批评监督的权利意味着，根据法律的规定，受众有权通过新闻媒体对社会和国家事务、相关工作人员、新闻媒体和新闻工作者进行批评和监督。观众有权根据法律规定、道德标准、行为规范等准则，通过书面信件、电话沟通、舆论宣传或司法上诉等多种方式，向传媒机构和传播者表达自己的观点和需求，从而行使其监督职责。当受众提出批评或建议时，传媒机构和信息发布者应当迅速回应，并采纳主动策略来补足这些不足，确保受众的批评监督权利得到有效执行。

5. 传播服务保障权利

传播服务保障权利是指，根据法律，受众有权进行传播消费和享受一系列的服务保障。这项权益包含了众多明确的条款，例如，公众有权自主选择他们想要的媒体、决定他们的新闻消费习惯，并被要求为新闻媒体提供高质量和优质的服务。

6. 侵害补偿权利

侵害补偿的权利意味着，当受害者的权益受到侵犯时，他们有权根据法律要求得到相应的补偿。这一步骤对于维护观众的权益是绝对必要的。在大众传媒活动中，因故意或失误导致受众的名誉权和利益受损，进而侵犯了受众的隐私权，从而给受众带来精神和物质上的损失，根据公正和平等的原则，受众应当得到适当的补偿。在大众传播的过程中，受众的主体地位逐渐上升，这也是侵害补偿权的表现。

7. 隐私权

隐私权也被称为免知权。这意味着观众有权享受独自的时光，对于与公共利益或公共事务无关的私人生活持有保密态度，不被媒体干扰或干预，并且他们的名誉和利益不会受到损害。人既是个体的存在，也是社会的存在。作为一个独立的个体，每个人都有自己独特的利益和需求，他们有一些不能公开或公之于众的秘密，这些都是个人的隐私。观众对其专有秘密的所有权，他人是不能侵犯的。如果新闻媒体出于盈利的目的，不计代价地报道他人的隐私，侵犯了个人的生活安宁，引发了个人的精神痛苦和不安，那么就是侵犯了他人的隐私权。对于那些合法权益受损的个体，他们有权向人民法院发起法律诉讼，并寻求相应的道歉与赔偿。尊重和维护个人的隐私权不仅是社会发展的显著标志，同时也是大众传媒活动中的基本需求。

第三节　融媒时代的新闻传播媒介

随着数字新媒体和互联网的飞速进步，传统媒体的主导地位已经不再存在。各式各样的新媒体不断涌现，给传统媒体带来了巨大的挑战，同时，数字技术和多媒体技术的普及也导致了媒体间的边界逐渐变得模糊，并展现出一种融合的发展方向。尽管新媒体的涌现可能对传统媒体造成某种程度的冲击，但这并不意味着旧媒体会彻底消失。面对新旧媒体的激烈竞争，媒体融合已经成为了媒体发展的不可避免的方向。在本章中，我们将深入探讨纸质媒介与新闻传播、电子媒介与新闻传播以及新型媒介与新闻传播之间的关系。

一、纸质媒介与新闻传播

报纸和期刊是新闻传播的主要纸质形式，它们的出现和演变对人类的传播行为产生了深远的影响。尽管在融媒时代，纸质媒介面对着巨大的挑战，但它具有独特的优点和特性，电子媒介和新媒介虽然可以替代其部分功能，但无法完全替代它。

（一）纸质媒介的诞生及发展

从传播历史的角度看，人类的信息传递最初是通过面对面的交流开始的，后来逐渐转向了通过各种媒介进行的传播。随着传播媒介的不断进化和文字时代的兴起，书写媒介的应用和造纸术的出现都得到了直接的推动，这不仅改变了信息传播的范围和深度，同时印刷术的革命也为纸质媒介在大众中的传播打开了新的可能性。

1. 造纸术的发明

简言之，文字的发展历程从简单的象形再现逐渐演变为语音系统，它是从图画形式的绘图来表达复杂的概念，发展到用简单的字母来表示具体的声音。这些基础的字母，在随后的生产和生活实践中，经历了标准化处理，逐渐演变为最初的文字形式。

随着文字的出现，它们被视为某种共通的编码方式，这无疑是人类传播活动中的一个重大进展。然而，人们很快意识到，刻在石头、木头或竹子上的文字很难被移动，其传播的功能也难以完全实现，因此，寻找合适的文字传播媒介成为了那个时代最迫切的需求。大约在公元前 2500 年的时候，埃及人发明了一种用莎草来制作纸张的方法，与莎草纸齐名的还有中国的"丝絮纸"和墨西哥的"阿玛特纸"。丝絮纸是在育蚕缫丝过程中，竹席上残留的丝絮经过晒干制作而成的。经过工艺改进后，人们制作出了这种絮纸，历史上被称为"薄小纸"，其起源可以追溯到商代。

2. 印刷术的革命

廉价纸张的出现为纸质媒介的出现奠定了基础，同时，印刷技术的革新也为纸质媒介创造了必要的技术环境。信息能够被大规模地打印并迅速传递，从而实现了信息传播的广泛性和迅速性。

早在唐代初期，中国的古代劳动者就已经发明了雕版印刷技术，这标志着印刷技术的初步发展。到了宋仁宗的庆历年代，印刷工人毕昇发明了活字印刷技术，但这项技术并没有得到广泛的推广。直到元朝大德年间，农学家王祯发明了木活字和转轮排字架，活字印刷术才开始得到广泛的应用。随着印刷技术的诞生，印刷新闻的普及极大地改变了信息传递的范围和深度。从17世纪起，印刷技术在新闻传播中得到了广泛应用。到了19世纪30年代，快速印刷技术与报纸的理念开始融合，逐渐形成了一种真正面向大众的传播工具——报纸。

（二）期刊和新闻传播

新闻杂志主要发布与时事相关的内容，它们有一个固定的名字，并按照特定的版式进行装订，然后按照特定的顺序进行编号并出版。从内容角度看，主要可以划分为综合性和专业性两大类新闻期刊，并根据出版的周期进行分类，包括季刊、双月刊、月刊、半月刊，以及周刊等多种形式。在内容的生成过程中，它起到了先发制人的作用。相较而言，期刊对文化产生的影响是最为显著的。

目前存在一种趋势，导致报纸与期刊在外观上的差异变得越来越不明显。从一方面看，报纸的头版逐渐向期刊化的趋势转变，采纳了大字的标题和大尺寸的照片，这也是我们经常提到的"报纸的图解化"；绝大多数报纸都采纳了导读这一设计，这也正是它们原本作为期刊的独特之处；与此同时，报纸的厚度逐渐增加，这种"厚报化"的趋势似乎预示着另一种期刊的出现；从另一方面看，众多的学术刊物被命名为"学报"，而注重服务导向的城市报纸已不再使用"某某报"作为名称，这种转变使得我们在区分报纸和期刊时容易产生困惑。

因此，有些人持有这样的观点：仅从报纸和期刊的外观来看是不够的。它们之间的主要差异在于，它们所承担的职责和所发挥的功能并不相同，换句话说，它们所发布的内容也存在明显的不同。报纸主要发布新闻和评论，而期刊则主要发布时事相关的文章和评论。报纸的一大优势是，它每天都可以介入各种运动，成为这些运动的信息传递者，能够全面反映当前的社会状况，并与人民及其日常刊物建立起持续而生动的联系；期刊的一个显著优势是它能够深入探讨各种事件，并专注于最核心的议题：按照列宁的观点，报纸更适合于激励，而期刊则更适合于推广。我国的新闻学专家主张在内容层面上明确报纸与期刊的区别，他们认为报纸主要是报道新闻，而期刊则更偏向于发表评论。

（三）报纸和新闻传播

报纸的诞生标志着人类新闻行业的起点。作为最初的大众传媒形式，报纸是资本主义经济在某一特定历史时期的结果。早期的全球报纸主要是周刊形式。

在 20 世纪初，新的科技革命为广播电台和电视台带来了革命性的变革，这彻底颠覆了传统的新闻传播模式，导致报纸、广播和电视各自占据主导地位，标志着人类新闻行业步入了现代化的发展时期。在这个阶段，报纸不只是面临着其他新闻传播渠道的竞争压力，它本身也经历了显著的变革。这主要体现在商业报纸的大规模涌现、社会化程度的进一步加强以及垄断状况的持续恶化，这也逐渐成为现代报纸行业的显著特征。

1. 报纸的新闻传播特点

报纸在人类的新闻传播过程中起到了至关重要的作用。在印刷技术尚未出现之前，古代的人们主要是通过手写文字来进行信息的传递和交流。印刷技术的兴起催生了报纸的出现，报纸凭借其独有的技术优势，成功克服了手写文字传播阶段的局限性，从而形成了其独有的特征。

作为现代社会中不可或缺的新闻传播渠道之一，报纸与广播、电视和互联网相比，具有其独到的优点和特色。

（1）保存起来简单，有助于传承给后代。在手写文字的时代，为了传达信息，人们使用了众多的传播工具。在我国的古代历史中，陆续出现的文字记录工具包括甲骨、青铜器、石雕、简册、缣帛和纸张（详见下方表格）。这类载体中，有些价格过高，有些体积过大，同时许多材料难以长时间保存，因此其传播范围相对受限。报纸因其轻薄和低成本的特点而受到青睐，尤其是随着印刷技术的进步，文字通常不会轻易丢失，因此更易于保存，并有可能传承给后代。

（2）发布的新闻内容具有广泛和深入的特点。报纸报道的内容既可以是简洁明了、简明扼要，也可以是深入细致的分析和全面的评述，其文体也是五花八门。

（3）报纸上的读者数量相对较多。报纸以其稳定的物质形态存在，利用纸张作为传递媒介，通过文字来记录各种信息，使读者能够直观地观察和触摸。与口头和听觉的传播方式相比，信息可以被明确地记录下来，并且可以多次阅读，甚至可以作为珍贵的资料来保存。多年以后，它仍然具有很高的阅读价值。麦克卢汉曾经提到，报纸就如同口香糖，拥有不断品位的吸引力。另外，由于报纸的价格相对较低，并且主要以散页的方式展示，这使得分享变得容易，并且读者的传阅率也相对较高。

（4）方便携带，无论何时何地都能方便地接收到信息。报纸不受时间和空间的束缚，读者可以自由选择和控制读报的时间和地点。读者不仅可以在地铁、办公室、家中或公园内阅读报纸，还可以在一天中的任何闲暇时间进行阅读，这显示了读者在阅读过程中的高度主动性。

（5）报纸提供了相对自由的阅读选项。报纸采用了一种非线性的传播方式。当读者手持一份报纸时，他们可以根据自己的喜好选择是否阅读特定的板块或报道，可以是先浏览、后浏览、详细阅读或简要浏览。这样，读者就不必按照编辑的建议，按照他人设定的路径来接收信息，也无需浏览大量不感兴趣的页面。没有时间上的束缚，他们甚至可以选择将报纸寄存，待有空闲时再安排时间进行阅读。与那些稍纵即逝、无法避免广告的广播和电视相比，报纸为读者提供了更为深刻的阅读体验和感受。

2. 报纸的分类

根据不同分类方式，报纸可以分为不同类型。以下介绍几种基本分类。

（1）按报纸所属区域范围分

按报纸所属区域范围分，可以分为三类，即全国性报纸、省级报纸、地市级报纸。

（2）按报纸传播信息领域分

根据报纸在信息传播领域的分类，我们可以将其划分为多种类型，以下是几种常见的类型。

① 时政类报纸主要是报道国内外时事政治以及全球各国政治发展趋势的出版物。

② 经济类报纸其主要职责是报道国内外经济发展趋势，以及经济领域中出现的新情况、新现象和新问题。

③ 娱乐类报纸是一种专门报道国内外各类娱乐活动和明星最新动态的出版物。

④ 法制类报纸是专门报道法律体系的发展趋势和存在问题的出版物。

⑤ 体育类报纸是专门报道国内外体育界大型活动和最新发展趋势的出版物。

⑥ 生活服务类报纸主要报道人民日常生活中如衣、食、住、行等方面的需求，旨在提升人们在物质和精神文化方面的生活品质。

（3）从办报方针划分

从办报方针划分，可以分为以下三类。

① 党报被定义为党和政府用于指导各种任务的关键舆论平台，其主要目的是教育大众、指导社会舆论，并维护政府的权威和正面形象，它是党和政府体系中不可或缺的一部分。

② 都市类报纸是专门报道城市及其内部最近发生事件的报纸。

③ 专业性报纸是专门报道专业领域或行业内最近发生事件的报纸，这种类型的报纸通常具有很强的目标受众针对性。

以上列出了报纸的几种不同分类方式。除此之外，还存在其他不同的分类方式，例如根据报纸发布的期数，报纸还可以进一步细分为日报、周报等。

3. 报纸的功能

（1）传播信息，沟通情况

报纸的核心宗旨是传递信息和交流现状，以最快速的方式向读者传达最新发生的事件，使读者能够及时掌握客观世界的动态和进展。面对社会中出现的新挑战、新状况和新现象，报纸不仅需要对这些现象进行表面描述，还应通过解释性报道和调查性报告等多种方式，深入挖掘这些现象背后隐藏的事实本质。

报纸不只是通过发布新闻来传达消息和交流信息，它还可以通过发表评论来分享一些新的消息。读者还可以利用报纸上的评论专栏来表达自己的看法，这有助于各种不同的观点能够得到更好的交流和沟通。

（2）进行宣传，引导舆论

报纸拥有巨大的传播影响力，它通过信息的传递，帮助读者深入了解当前党和政府的策略、方向、政策，以及核心决策，并为读者指明正确的前行路径；我们希望读者能够深入了解当前国家在政治和经济领域的发展态势、所追求的目标和社会愿景，并与全国的各个民族紧密团结，共同为达成这一目标而努力；我们希望读者能够深入了解国家在法制、民族和宗教政策方面的建设，从而帮助他们树立社会主义的荣辱观，确保社会的稳定和团结；我们的目标是帮助读者建立正确的世界观、人生观和价值观，强调正确的言行举止，实现自律和他律，从而实现物质和精神文明的有机结合。

为了充分利用报纸的宣传功能，我们需要通过展现、产生影响和导向公众舆论来达成这一目标。舆论学的创始人李普曼持有这样的观点："舆论实际上是公众或众多人针对他们普遍关心或感兴趣的议题（或事件）所公开表达的观点"。报纸有能力通过增强报道的深度和广度，吸引更多的公众关注某一新闻事件的最新进展，从而起到制定议程的角色，进而塑造新的公众观点，并对读者的思维和行动产生深远的影响。除了起到舆论引导的作用之外，舆论监督也是不可或缺的一环。报纸有能力对政府的政策执行、个人的言论和行为，以及其他社会现象进行有效监管，这对于维护社会稳定和公共秩序具有积极意义。

（3）传播知识，提供教育

与电子媒体相比，报纸在思想深度上更为显著。报纸的最大优点在于，它每天都有能力介入各种运动，可以作为这些运动的信息传递者，可以展示每天发生的各种丰富多彩的事件，并能让人们与报纸之间建立起持续而生动的联系。报纸上发布的新闻不仅涵盖了全球各个行业和领域的最新动态和成就，还包括了人们在日常工作和生活各个方面所经历的变迁。在阅读的旅程中，读者获得了许多学校教育所不具备的知识，而报纸上的这些材料所包含的信息比教科书中的要丰富得多。显然，鉴于报纸所面向的读者教育程度各不相同，因此在传达信息的过程中，应努力采用大众和通俗的语言，以确保广大读者能够清楚且准确地把握新闻的核心内容。

（4）提供娱乐，陶冶情操

随着人们物质和文化生活水平的不断提升，对于报纸在服务和娱乐方面的需求也逐渐增加。报纸的特刊和附录主要负责提供服务和提供娱乐。无论是报纸上的漫画、连载的小说、日常生活与休闲内容，还是娱乐行业的新闻报道，都为读者带来了轻松愉悦的阅读体验。目前，关于丰富我们日常生活的新闻报道日益增多，包括但不限于休闲娱乐、购物旅行、家居装饰、健康卫生、服装化妆、烹饪佳肴等方面的内容。此外，还有大量关于生活消费热点和时尚趋势的报道。这些以服务为导向的报道不仅有助于提升人们的生活水平，还能丰富全民的精神世界。

（5）刊登广告，获得利润

报纸主要依赖广告作为其经济收入来源，因此发布广告能有效地促进报纸、广告商，以及消费者三者之间的共赢局面。报纸通过发布广告来收取广告费用，从而实现经济效益；消费者可以通过接收广告信息来形成消费行为，并满足他们的需求；广告商通过发布广告可以使消费者在最短的时间内接触到产品，从而提高购买率，而且报纸的传播范围很广，这有助于加强广告商产品的宣传力度。值得强调的是，报纸在发布广告时，必须确保社会效益与经济效益的平衡，并对广告内容进行严格的审查，以防止不正当的广告进入市场，从而对消费者市场造成不良影响。

（四）融媒时代的纸质媒介

在电子媒体问世的那一年，有观点预测传统的纸质媒体可能会逐渐消失。随着新媒体的兴起，这种观点又一次被提及，但直到目前，纸质媒体如报纸和期刊依然存在，我们无需担忧它们的消亡。报纸媒体应持有开放的思维，与互联网积极合作，利用网络的力量来增强其传播效果。

1. 报网互动

"报网互动"这个词汇在最近几年的媒体行业中变得非常受欢迎。报网互动指的是报纸和网络利用各自的优势，进行多方面的合作和互动。报纸创建了自己的在线平台，并利用这个网络平台来改进新闻报道的流程，这构成了报纸与网络互动的基础。报纸与网络的互动主要分为四个层面：第一个层面是纯粹的技术互动，即报纸通过网络平台发布信息产品，这也是报网互动的最基础阶段。在报网互动中，第二个层面是内容的交互，也就是新闻制作过程中的交互，这被视为最关键的部分。第三个层面涉及发行和广告之间的交互作用。第四个层面关注的是品牌的互动，这包括在大型媒体活动中的报纸与网络的互动，以及在媒体品牌传播和体制创新中的报纸与网络的互动，这些都是建立在前三个层面之上的。

2. 全媒体再造

随着网络技术和新媒体的不断进步，媒介正在展现出一种融合的发展方向。在传统媒体的转型过程中，许多媒体引入了"全媒体"这一新的观念。全媒体，正如其名称所暗示的，是一种超越传统媒体界限，基于整合与融合而构建的，能够融合多种展现方式进行新闻传播的多功能媒体平台。从其深层含义来看，全媒体不只是描述人们直观感受到的多媒体传播内容，它还涵盖了全媒体的理念、采集、编辑，以及经营等多个方面。

从报纸媒体的角度看，全媒体战略旨在打破传统的传播和表现方式的限制，通过利用互联网、移动设备等新型媒体技术，转变传统的纸质媒体传播模式，将新闻传播扩展到其他媒介，并构建一个综合的、跨媒体的内容发布平台。

在全媒体的观念指导下，报纸记者的角色已经超越了单纯的文字或摄影记者，他们成为了真正的全媒体记者，能够熟练地运用各种采访手段和多种报道策略来完成他们的报道任务。

全媒体的新闻制作模式要求媒体组织构建新的新闻采编流程，收集新闻素材，根据不同受众的接受特性进行加工，制作出不同的新闻产品，最终通过不同的传播渠道（媒体）向受众传播。

二、电子媒介与新闻传播

新闻的电子传播渠道涵盖了广播和电视，而这些电子媒体与传统的纸质媒体共同形成了传统的传播方式。相较于传统的纸质媒体，电子媒体打破了时间和空间的束缚，能够迅速地将信息传播到各个方向，赋予新闻更强烈的现场氛围和感染力。伴随着新型媒体的诞生和迅猛增长，电子媒介也因此获得了新的发展机会。

（一）电子媒介的演进

1. 广播的发展

1920 年 11 月 2 日，美国匹兹堡西屋电气公司创办的 KD KA 正式开播，这标志着世界上首个拥有正式营业许可的广播电台的诞生，主要以新闻节目的播放为核心。随后，在 1921 年和 1922 年，法国与苏联分别成立了各自的广播站。随着广播电台数量的逐渐增加，1925 年国际广播联盟在日内瓦成立，目的是更好地协调国际间的电波使用秩序。1927 年 10 月，国际广播联盟在华盛顿组织了世界广播大会，并决定将全球的广播区域划分为 15 个波长带，并制定了频率分配表，以防止各国电台之间的广播干扰。自广播问世以来，它在全球范围内得到了广泛的推广和发展，不只是广播电台的数量迅速上升，节目的种类也变得越来越丰富，内容也日益多样化。

2. 电视的诞生

电视作为一种通过无线电波或导线来传播声音和图像的大众传播工具，其诞生和进步也是电子技术不断发展的结果。随着时代进步，电视在内容和形式上都经历了巨大的变革。无线传输技术让人们能够跨越时间和空间，看到从遥远地方传来的图像。三维动画技术让电视画面变得更加丰富和生动，而数字化设备则使电视图像变得更加清晰。可以说，电视媒体的每一个发展阶段都离不开科技的不断探索和演变。

科学家们经过不懈的努力，成功地解决了光学、色变学，以及信息传输理论等多个复杂问题，从而生产出了彩色摄影管和彩色显像管。全球各国都在进行各自的电视技术研究，并已经发展出包括 NTSC、PAL、SECAM 在内的三种电视制式，而我国的电视则是采用 PAL 制。

（二）广播与新闻传播

1. 广播的优势

（1）传播快捷，时效性强

①广播利用电波作为传播媒介，电波的传播速度达到每秒三十万公里，这相当于围绕地球旋转了七圈半，而到达听众的时间差几乎为零。

②广播在其初创时期，其核心职能主要集中在娱乐和商业广告领域。在第二次世界大战即将爆发之前，广播新闻因其迅速响应的特性，满足了人们对预知战争的迫切需求，因此受到了前所未有的关注和重视。

③广播新闻的制作流程非常简洁，省去了报纸的排版、打印、折叠和运输等多个步骤，这不仅提高了新闻的传播速度，还增加了新闻节目的内容容量，从而提高了新闻的时效性。

④广播新闻采用了"滚动式"的传播方式，从而充分发挥了其"快速"传播的优势。

关于正在进行的新闻事件的实时广播，这是新闻报道中速度最快的一种方式，通常被称作同步广播。同步广播的一个显著特点是，新闻事件的演变与新闻节目的报道和播出是同步进行的。一个吸引眼球的新闻事件、一个重大的集会、一场隆重的活动、一场激动人心的球赛……通过电台的直播，可以让远在千里之外的人们感觉仿佛就在触手可及的地方。

从宏观角度看，当前的电子新闻传媒在报道时效性上超越了印刷媒体，而广播在电子媒体中的传播速度又超过了电视，这构成了广播的主要优势。因此，在确保事实准确无误和观点准确的基础上，广播电台应努力实现"先声夺人、贵在神速、分秒必争、以快取胜"的原则。

（2）覆盖广泛，渗透力强

这正是广播电声特性所带来的一大优点。广播利用电波作为其传播媒介，如今与人造地球卫星的结合使其电波能够覆盖全球，几乎所有的人口都有可能成为其传播的目标。更具体地说，广播传播的广度可以从以下几个方面来展现。

① 广播的传播方式是容易被大众接受的。广播采用有声语言来传递信息，而听众的文化背景并不限制他们。广播是一种面向所有人群的传媒形式，无论是学龄前的孩子还是年事已高的老人，无论是文盲还是教授，只要他们具备听力，都有资格成为广播的受众。

② 广播传播是一种利用电波作为传播媒介的跨国界传播方式，能够无国界地深入传播。在许多国家进行国际宣传活动时，广播成为了首选的新闻传播渠道，因为它可以利用电波、卫星和多种语言来同时传播新闻和思想观念，成为国际外交宣传的有力工具。在此背景下，国际广播已经变成了各国民众之间深化交流、增进相互理解的重要桥梁。

③ 的收听限制相对较少。广播具有广泛的覆盖范围，无论是从南到北、高山与海洋、平原与沙漠、城市与乡村还是室内与室外，广播都能迅速传播到各个方向，使得听众能够同步收听。尤其在地震和其他自然灾害频发的地区，广播在交通不畅和电视信号接收困难的情况下，展现出其他媒体难以匹敌的优越性。

④ 广播显示了其伴随性的特质。广播的传播主要依赖于人们的听觉，因此，在收听广播的同时，人们还可以进行其他形式的活动，如城市交通广播和音乐广播，主要的听众是驾驶汽车的司机。广播的存在使得旅行变得更加有趣，甚至在交通堵塞的情况下也不会觉得难以承受。另外，许多老年人在早晨锻炼时，也喜欢听广播并接收各种信息。广播具有一种独特的伴随性特质，这不仅能提升人们的时间使用效率，还能在听众毫无察觉的情况下使信息得到接纳，从而达到有效传播的目的。另外，由于广播制作技术的独特性，它能够提供高度的互动性，使得听众能够直接拨打电话与播音员沟通，对特定问题表达自己的看法，这也标志着电子媒体作为一个强大传播者的地位得到了一次重大突破。

⑤ 广播的信息传输能力很强。广播新闻每分钟大约播放 240 个字，一则

新闻通常在 1 分钟内播出，内容简洁有力，具有很强的概括性，信息高度集中，重点明确，简练有力，内容丰富，播放时间长，涵盖多个波段和频道，听众可以自由选择和取所需。

（3）声情并茂，感染力强

报纸在传递信息时，主要依赖于文字标记，同时也包括静态的照片或图像。尽管文字符号也对人的视觉器官产生影响，但它们并不是直观的图像。这些符号主要是通过阅读转化为口头语言，并通过联想来捕捉事物的形态，从而更深入地理解它。

广播作为唯一一个依赖听觉而非视觉的大众传播渠道，其信息传播主要依赖声音符号，这包括各类音响设备和有声语言。声音的符号对人的听觉器官产生影响，使得人们能够通过声音和有声语言更直观地理解传播的信息。该方法能够避免将文字符号转化为语言符号这一复杂的"步骤"，从而使信息传播更为直观。常言道："听到它的声音就像看到它的人。"这表明声音具有极高的真实性，它比文字更能直观和生动地传达信息。声音本身具有丰富的形象性，能够表达人们的各种情感和氛围，声音的真实性使得听它的声音就像看到了那个人，听它的声音就像身临其境。

通过不同的声音处理和应用，我们能够传达出许多平面文字无法传达的信息。例如，在充满情感的播讲中，播音员或节目主持人能够传递情感信息。通过他们的嗓音、语音、语调、语速、停顿和音量的变化处理，他们的感染力和鼓动性远远超过了简单的文字描述。

（4）手段多样，参与性强

广播的主要功能是传递声音符号，与图像和文字符号相比，声音符号的制作过程更为简便。广播有能力利用电话、手机和网络等先进技术平台来生产声音符号，并创造出多种传播方式，例如设立热线电话，发布及时的播报，为听众提供直接参与广播的机会，这使得广播在某种程度上能够展现出一对一的人际传播亲和性，使得传播和接收双方在互动过程中能够实现同步交流和共同分享。

2. 广播新闻的发展趋势

广播最初是 20 世纪上半叶现代高科技的成果，并在其诞生之初就引发了全球范围内的广泛关注。然而，进入 21 世纪后，随着全球化趋势的不断深化、媒体竞争的加剧以及观众需求的不断提升，广播作为最初出现在人类社会中的电子媒体，一方面正在面临电视和互联网等传媒平台的强烈挑战，其影响力也不可避免地在逐渐减弱；从另一个角度看，随着世界在政治、经济和文化等多个领域的持续进步，特别是科技领域的飞速发展，为广播行业的持续发展创造了新的机会和物质支撑。因此，广播也赢得了公众的高度关注。

（1）内容本土化

随着全球化的持续推进，我们看到了类似"地球村"的信息交流模式，这使得人们比过去更容易获取外界的资讯。广播，作为一个易于收听、信息传播迅速且对听众文化素养要求不高的媒体，其在及时发布当地新闻信息上展现出其他媒体难以匹敌的特点。随着信息化在未来社会的持续深化，广播将毫无疑问地展现其作为一个媒介的优越性。它之所以重要，是因为它可以迅速且精确地为观众提供关于当地的新闻、法律政策、交通状况、商品交易和气象服务等方面的信息，并在此过程中起到关键作用。

（2）受众个性化

随着时间的推移，观众的需求将变得更加多元和个性化，他们期望能够通过一个更为简洁和高效的方法来获取与自己的兴趣和爱好相匹配的资讯。在未来的广播节目中，受众的分类将不再仅仅基于年龄，而是会进一步细化到普通节目中的某些更具体的类别。这样，听众可以根据自己的喜好和实际需要进行选择。电台的频道也会进一步细分，例如专门发布交通、财经、气象和娱乐新闻的专业频道。

基于节目种类的进一步细分，广播在未来还将为听众带来更为个性化的服务体验。观众有机会根据个人偏好来选择定制的节目内容，并根据自己的实际需求来获取最新的实时信息，从而实现一对一的信息传播，这是一种由受众主动决定的传播方式。随着数字音频技术的进步和通信技术的持续优化，为实现这种个性化的服务提供了新的路径。

（3）途径多元化

与此同时，数字音频技术允许广播节目在互联网上发布，观众可以根据自己的喜好选择想要收听的内容，这一技术变革了传统广播节目的短暂性和单一的接收途径，为新闻传播提供了更多的灵活性。此外，随着数字音频技术的持续进步，我们还能提供"广播博客"这一服务。通过这个数字化的交流平台，每个人都有机会将他们的"电台"节目分享给其他听众。可以预见，未来的广播媒体将成为一个庞大的信息资源库，它不仅通过多种方式向外界传播信息，同时也将成为一个信息交流的重要平台。

观察世界新闻传播媒体的演变历程，每一种传媒形式的存在与兴盛都具有其固有的合理性和不可避免性。广播的优越性源于其作为电子媒介的固有属性，这为广播在媒体发展历程中确立其独特的优势地位提供了坚实基础。然而，这也带来了一个不可避免的缺点，这个缺点导致广播在与新兴媒体的竞争中处于劣势，从而受到威胁。在当前观众需求日益增长的背景下，广播面临着机会和挑战的双重存在。广播媒介的研究者、经营者和节目制作人都非常关心如何捕捉机会、面对挑战并克服困难。为了更好地生存和发展，他们正在积极利用人类创造的科技文明来弥补广播的不足。他们通过加强与其他传播媒介的融合，不断挖掘广播的新潜力，创造新的传播形态，发掘新的传播特点，从而开拓广播的新领域。

（三）电视与新闻传播

"电视"这个术语源于英文单词"television"的中文解释。英文里的 television 这个词汇源于希腊语，它是"tele"（意为远方）与"vision"（意为景色）两部分的融合。这个词汇以非常生动和前瞻性的方式揭示了电视技术的本质：电视是一种能够将声音、文字和图像等多种信息转化为特定信号（无论是电子还是数字），并通过有线或无线手段进行远程传播的媒介，以满足大量观众的观看需求。

1. 电视的优势

（1）感性化

所谓的感性化，是指电视作为一种能够直接通过人类的感觉器官来传达人类心理和情感的媒介。电视作为一种媒介，其基础传播元素是声像一体的符号。这种原生态的符号具有整体化和全息性的特点，可以直接与人类器官的视听双通道相对应，并通过对人类视觉和听觉的反复冲击，产生一种综合性的感觉联动和统一的感知效果，因此电视媒介具有感性化的传播特性。

传播学的研究指出，通过阅读文字，人们可以记住大约 10%的信息；当你听到声音时，你可以记住它的 20%；通过观察图像，你可以记住其中的 30%；视听结合，记忆能力达到 50%。电视新闻融合了视觉、听觉和阅读三个方面，因此自然能够实现其他媒体无法达到的新闻传播效果。如果印刷媒体为读者提供了视觉上的抽象体验并激发了他们的理性思维，那么电视媒体则为观众带来了直观的感官体验，进一步触动了他们的情感。

当然，电视新闻作为一种感性的传播方式，并不代表其传播内容是肤浅和缺乏深度的。电视有能力通过富有情感的传播手段，从新闻事件的表层深入到人们的心灵深处，从而触动和共鸣观众的心理和情感。但是，在目前众多的日常传播活动中，电视新闻并未真正转化为感性的展现，它更像是一种冷漠、刻板的展现方式。既包括我们在新闻观念上的不足，也涉及对电视媒体的解读和应用上的挑战。因此，探索如何最大限度地利用电视传播的感性属性，将成为刷新电视新闻观点和优化电视新闻业务流程的关键任务。

（2）即时化

所谓的即时化，是指电视和广播在电子媒体技术的支持下，能够实时、同步地采集和传播新闻信息，最终消除了人与人之间的物理时空差异，使得信息源和所有的信息终端能够零距离地存在，其典型的传播方式就是我们通常所说的现场直播。在 20 世纪 80 年代以前，电视新闻的时效性通常不如广播新闻。由于技术限制，电视新闻的录制和传播通常都是在时差或延迟的条件下进行的，这通常被称为录播。从那时起，电视开始实施新闻直播、整点新闻播放、滚动播放和随时插播等多种方式，确保了电视新闻的实时传播。

2. 电视新闻的发展趋势

如果我们将声音与图像的融合以及传播的即时性视为传统电视与其他媒体的主要区别，那么在数字技术逐渐完善的当下，电视新闻的传播方式也将展现出向多媒体化方向发展的趋势。所指的多媒体化是指在数字化的平台上，文字、语音和图像都能被转化为数字信号，这样各种媒体功能就可以相互兼容，而单一的媒介将逐步被多媒体所取代。观察技术的发展轨迹，我们可以发现媒介的形态变化是按照一个连续的、独立的顺序进行的。在即将到来的信息系统中，电视将从一个接收信息的终端转变为信息传输网络的核心，成为多媒体的一种展示方式。电视机的界面将不仅是计算机的界面，也将是报纸、广播的界面，甚至可能是人与机器对话的界面。通过电视，人们可以接收各种视频、音频或文本形式的新闻、娱乐内容，查阅图书、资料，并可以与任何其他地方联系，享受电子商务、数据下载、视频点播、电话、传真等多种服务。从当前的角度看，利用电视作为主要的传播渠道，并结合报纸、广播和互联网的特有优势，对新闻事件进行全方位、立体的报道，这种跨媒体的方法在媒体传播的实际操作中已经被广泛采纳。与此同时，诸如数字电视、移动电视、宽频电视、互动电视、手机电视、卫星电视和分众电视等新型的传播手段和形式，已经浮现并逐渐被应用于传播的实际操作中。

（四）融媒时代的电子媒介

利用互联网技术，广播和电视完全有能力解决其固有的问题，并为观众带来丰富的选择机会。广播和电视媒体通过互联网对其新闻业务进行改革，以多样化的传播方式增强新闻的影响力，这种方式与传统的报纸媒体有许多相似之处。广播和电视媒体与其官方网站的"台网互动"主要在四个关键领域得到体现。

1. 实现节目的在线收听（看）和按需点播

通过应用网络音视频技术，我们可以在网络平台上在线收听或观看节目，以满足不同场景下观众的视听需求。网站可以通过创建一个节目库，将节目内容根据时间、栏目和主题等方面进行分类，并上传到网站上，以便用户方便地进行检索和按需点播。

2. 利用网络进行话题征集和讨论

中央人民广播电台的节目经常在中国广播网的各种论坛上，向广大听众预告即将在节目中讨论的各种议题，并邀请他们参与到论坛中，对这些议题发表自己的观点。当节目正式开始播放时，听众的看法将会被纳入节目内容中。

3. 建立主持人博客

广播和电视媒体视主持人为一项宝贵的资源。许多观众对这个节目的兴趣常常源于某位主持人所散发出的独特吸引力。在传统的广播和电视媒体环境中，观众所看到和听到的主要是主持人的形象和声音，但他们很难了解到主持人背后隐藏的故事以及主持人更为立体和真实的形象。同时，主持人在节目播出过程中主要面对的是他们"心中"的观众，这使得他们很难准确把握观众的真实想法。博客显然成为了缩小主持人与观众之间距离的关键途径。节目主持人在其博客里分享自己的职业生涯和日常生活，与观众交流观点和思考，达到与观众的深度互动。在博客上，观众也有机会发表自己的观点、建议和思考。

4. 强化文字的传播作用

在传统的广播和电视传媒中，人们主要依赖声音、图像和解释来获取信息，而文字的传播能力相对较弱。通过互联网，广播和电视媒体有能力将节目稿件上传到网页上，以供需要的观众参照。某些广播电视媒体网站也推出了电子版杂志，这体现了全媒体运营的核心理念。

三、新型媒介与新闻传播

网络技术为新闻传播行业带来了翻天覆地的变革，不断涌现的新型媒体深刻地重塑了新闻传播的整体格局和外观。与传统媒体相比，新媒介拥有许多独特的优点，如可搜索性和互动性，但在融媒的时代背景下，新媒介和传统媒介需要共同进步和发展。

（一）互联网与新闻传播

互联网是一种将大量的计算机网络连接在一起的全球性网络，它是计算机技术、信息技术和通信技术融合的结果。互联网被认为是当今世界上最大的远程信息传输网络，自从报纸和杂志被发明以来，它被视为一项前所未有的创新，标志着信息生成、传播和交换领域的一次巨大变革。

1. 互联网的发展

互联网在英文中被称为 Internet，而在中国，它通常被翻译为"互联网"或"因特网"。所指的网络媒介，实际上是利用国际互联网这一信息传递平台，通过电脑、电视和移动电话等终端设备，采用文字、音频、图像等多种方式来传递新闻信息的一种数字化和多媒体的传播方式。

TCP/IP 协议的研发和应用是互联网成熟的关键因素。TCP/IP 代表一种通信协议，其中 TCP 和 IP 在中文中分别代表传输控制协议和网络间的协议。这两份协议为我们提供了一种在计算机网络中传输文件或命令报文的手段。

2. 互联网的新闻传播特点

（1）大容量

网络的庞大容量是其他任何媒介都难以匹敌的。网络新闻的一个显著特点是其信息的存储和传输能力超越了所有的传统媒体。利用互联网的超链接技术，网络新闻展现出了无穷的扩展潜力和丰富的可能性。随着更多的媒体开始创建网站来发布新闻，部分个人和社会团体也逐渐增加了在线发布新闻的频率。这不仅导致了新闻信息量的急速增长，而且由于不同的新闻传播实体有着不同的传播目标和内容，这无疑会为现有的新闻机构提供更多的信息补充和丰富。

（2）高速度

在传统的媒体环境下，报纸的发布周期通常是按天或周来计算的，而电视和广播则是按天或小时来计算，网络新闻的更新周期则通常是按分钟或秒来计算的。特别是在报道突发事件时，网络新闻的及时性显得尤为重要。在传统的传媒形式中，广播利用无线电波进行传播，而电视则通过通信卫星来传递信息。这样的方式经常可以迅速地报道新闻事件，减少报道时间与事件发生时间之间的间隔，甚至可以实现实时同步直播。网络新闻在互联网框架内的传播，显著增强了其对各种外部影响和挑战的应对和克服的能力。

（3）立体性

网络新闻融合了报纸、广播和电视的优点，形成了一种融合了数据、文本、图形、图像和声音的超文本和多媒体结构。这种结构使得文字、图片、声音和图像等多种报道手段能够有机地结合在一起，从而呈现出立体、网状和多维的视觉效果，既生动活泼，又图文并茂，既有动态也有静态。在报道相同的新闻事件时，报纸采用文字和图片，广播使用声音，电视主要使用图像，而网络新闻则综合了纸质新闻、广播和电视新闻的报道方式，使得观众在网上能够同时享受阅读报纸、听广播、看电视的所有乐趣。其次，在传播内容方面也表现出了立体性。网络新闻的传播通常围绕某一事件生成核心的新闻信息，并通过各种相关链接来提供相应的报道和背景资料。通过这种方式，新闻的接收者能够深入了解某一事件的各个方面和其背后的深层原因。

（4）互动性

在传统的媒体环境中，新闻通常是由经过专业培训的记者、编辑或制片人在观众难以触及的编辑室或新闻中心中，独立决定哪些内容值得报道。因此，接收者通常只能被动地等待在规定时间内收到或播出的新闻，如果有任何意见，也只能在事后进行表达。网络新闻为信息的传播者和接收者提供了一个双向的交流平台。例如，目前许多新闻网站在每条新闻后都附加了"发表评论"的链接，为公众创造了一个进行评论和评论的空间。这种方式不仅让信息发布者能够迅速掌握受众的反应，同时也让受众有机会直接参与到新闻的报道中，对所传达的信息进行修正或增补；这不仅实现了媒体与其受众之间的有效沟通，还成功地实现了受众与受众之间的信息传递，从而有效地激发了传播者和受众的积极性和主动性。

（5）选择性

相较于传统的媒体形式，网络新闻在接收者的选择上展现出更高的灵活性。首先，网络新闻编辑与传统媒体新闻编辑的主要区别在于，他们并不是直接将新闻信息"推送"给目标受众，而是从受众中"提取"出他们所期望的新闻内容。新闻的接收者可以根据自己的偏好，在网络上搜索他们喜欢的新闻来源、内容和展现方式。新闻网站始终对大量的信息进行分类和整合，并为用户提供定制的"个性化新闻"服务，可以根据用户的具体需求，向他们发送精选的个性化新闻内容。其次，网络新闻传播不仅提供了过刊查询和资料检索的功能，还突破了查询新闻内容的时间限制。用户可以在网上根据日期随时查看某一网络媒体的最新动态，同时也能方便地输入关键词来进行资料检索。最后，互联网上的新闻传播不仅能在较短的时间内实现新闻信息的广泛传播，还能方便受众下载、存储、加工和利用新闻信息，以便进行深入的研究和探索。

（6）可搜索性

由于网络信息的数字化特性，实现网络新闻的快速检索变得可行。现有的高效互联网搜索引擎能够在短短不到一秒的时间内，根据网民提供的搜索关键词，迅速找到相应的搜索信息。许多大规模的网络站点、图书馆和数据库都为其用户提供了内置的搜索引擎，从而极大地减少了用户在查找信息时所消耗的时间。在电脑和互联网普及之前，用户在寻找报纸、杂志、广播和电视资料的过程中，不得不在一个庞大而阴暗的图书馆室内，用眼睛进行最基础的检索，这是一个漫长且令人疲惫的过程。由于互联网数字化检索的便捷性，传统的平面媒体不得不向其靠拢，这比亲自前往报刊室浏览重达几吨的报纸要更为便捷。

（7）易复制和易保存性

一个由比特组成的网络信息的主要优点是能够轻松地进行复制。我们可以将网络新闻视为一片树叶，这也解释了为什么网络新闻能够如此迅速和广泛地传播。另一个由易复制带来的优势是其存储的便捷性——因为存储的本质就是将信息从网络环境中复制到个人硬盘上。只要带宽没有问题，从网络上复制一篇 10 万字的文章到硬盘，甚至不需要 1 秒钟，而且完全没有错误。

（8）公平性

网络新闻主要是通过互联网进行传播的。在互联网上，信息的传播速度和成本与其实际位置几乎没有直接关系。这种方式特别有助于那些实力较弱的新闻传播机构摆脱资金和人员短缺的困境，从而与媒体巨头进行公正的竞争。在全球范围内看，网络新闻传播的公正性对于第三世界国家来说，有助于打破西方资本主义国家通过对传统媒体的控制来获取信息资源，这也为建立新的国际新闻传播秩序提供了坚实的基础。由于网络新闻所具备的独特性质，它已经成为新闻传播领域中一个无与伦比的新焦点。在深入了解网络新闻所带来的益处时，我们也不能忽视网络新闻传播中存在的薄弱环节和不足。

（二）手机与新闻传播

随着互联网技术的不断创新，尤其是移动通信技术，在现代通信领域也经历了迅猛的进步。随着手机的广泛普及和功能的日益完善，其功能也变得更为强大，智能化正成为现代手机发展的主要趋势。手机如今不仅仅是一个简单的通信工具，它已经演变为一个融合了便携通话、娱乐功能和传播媒介的创新型信息化终端，并在与互联网的融合过程中展示了前所未有的优越性。

一些学者持有观点，认为手机可以被视为继报纸、广播、电视和互联网后的第五种传播工具。

1. 手机媒介的发展

伴随着信息技术和网络技术的持续进步，继报纸、广播、电视和互联网之后，手机媒介作为一种创新的信息传播方式应运而生。这种媒介以手机作为视听工具和上网平台，旨在为特定群体提供信息，实现有针对性的传播，因此也被称为移动网络媒介。

手机，也被称为"移动电话"，是一种通过接收和发送无线信号来完成通话的通信设备。手机的出现彻底改变了人们对固话的依赖，为人与人之间的沟通带来了巨大的便利。随着数字科技的不断进步，手机这一最初设计用于移动通话的通信设备，现已具备了一系列独特的功能。在手机上，人们有机会进行游戏、欣赏音乐和观赏电影。随着时间的推移，手机作为信息载体的功能逐渐得到加强。特别是当手机开始具备发送和接收短信、彩信、WAP 上网等功能，并且开始接收、存储和转发由专业组织发送的新闻时，手机无疑已经成为了一种具有大众传播特性的媒体工具。

2. 手机的新闻传播特点

（1）时效性强

手机的传播速度极快，使得新闻的受众不再受到时间和地点的限制。如今，不只是通过手机短信，许多大众传媒也开始利用 App 软件发布实时消息，这成为了在发行周期之外的一种补充传播方式。

（2）便携灵活

相较于电脑，手机的优势在于其便携性和与用户的高度相关性。无论是在公共交通工具上，还是在人们排队等待的空闲时刻，手机几乎已经变成了最受欢迎的现代通信工具。由此可见，手机在我们日常生活中起到了不可或缺的作用。在这样的背景下，利用手机作为信息传递的工具，不仅信息的接收率极高，而且传播的效果也相当出色。

（3）个性化传播

手机作为一种通信工具，因其在我们的日常生活中的高使用率，带有鲜明的个人特色，所以它具有很强的个性化特点。从信息传递的视角看，这主要体现在选择性的关注和订阅上。对于那些对体育有浓厚兴趣的人，他们可以选择通过手机应用来关注体育相关的媒体，或者是订阅最新的体育新闻；那些对经济有浓厚兴趣的人，也可以选择订阅与经济相关的特定内容。在移动电话的时代背景下，人们所接收到的信息各不相同，这种细分的市场环境为媒体创造了更为广阔的成长机会。

（4）互动传播

利用手机进行的信息传播通常涵盖了大众传播、群体传播和人际传播三个方面：一是在大众传播的阶段，通过手机，可以实现传播者和受众之间的良性互动，例如在媒体的官方微博上发表评论；二是在群体传播的过程中，通过网络或手机连接的群体需要依赖于互动来保持联系，例如通过群发短信来讨论问题，或者利用手机客户端在 QQ 群、微信群中进行信息交流；三是在人与人之间的交流过程中，手机的交互性变得尤为突出，不论是进行通话还是发送短信，其核心都是人与人之间的交流和沟通。结合这三种不同的传播手段，可以进一步增强信息来源的影响。

第四章 实践：融媒体时代新闻传播业务

第一节 新闻采访

一、新闻采访的涵义

新闻学科的关键在于进行采访。但是，"采访"这个词汇不仅是在新闻报道中使用。在我们的日常生活中，"采访"这个词汇的使用变得越来越普遍。作家深入探索和体验生活，以及搜寻和搜集文学创作的素材，这种行为通常被称为采访；党政机关的秘书部门工作人员，为了撰写工作总结或为领导撰写讲话稿，会到各个部门和基层单位搜集相关的素材，这也被称为采访；公安和监察部门为了处理案件而广泛搜集证据，这种做法也被称为采访。这些被命名为"采访"的活动都有一个相似之处，即它们都是为了获取特定的信息或素材，而广泛地向人们进行询问、调查和研究。

（一）采访的涵义

在深入探讨什么类型的采访可以被视为新闻采访之前，首先需要明确采访的真正含义。如其名所示，采，即是指采集活动。所谓的访，就是用言语到处询问。从文字的角度来看，采访是通过广泛的语言询问来搜集必要的信息和资料。事实上，我国的首部诗歌合集《诗经》是通过访谈方式，由古代的诗歌采集者在各个地方搜集民间歌谣整理而来的。这与当代的音乐从业者前往民间进行采风、搜集和编排民间音乐素材的方式是相似的。这类广泛使用语言进行询问以搜集信息的行为非常普遍，因此"采访"这个词在许多情境中都得到了广泛的应用，甚至连那些记录历史的历史学家在进行调查和研究时，也常被称为采访。

然而，每一个词汇的意义都会随着时间的推移而逐渐变得更加丰富。我们指出，采访活动主要集中在用语言搜集信息的各个环节和流程上，但采访的范围并不仅限于用语言进行询问。通过观察事物和人的演变，我们可以获取必要的信息和资料，这是一种采访方式；细心地聆听他人的对话，注意物体运动时产生的声响，这样可以获取必要的信息，这也是一种访谈方式。

显然，大部分情况下，采访是身体多个器官共同作用的产物。在开始编写小说之前，很多作家都会选择一个特定的地点来亲身体验生活。当他们创作以农村为背景的小说时，他们通常会选择一个特定的村庄，并在那里居住一段时期。在这一时期内，他们从多个角度观察了村子的整体情况、村民的家庭背景以及他们的行为和举止，还倾听了农民的语言和习惯，并与他们进行了深入的交流，以获取更多的信息。为了缩短与农民的心理距离，作家们甚至会与农民一起吃饭、住在一起、工作，并在融入农民生活的过程中对农民进行采访。

采访不仅是一种简单的行为，更是人与人之间相互交流和互动的过程。在心理活动的作用下，这种交互经常呈现为外部的行为模式。一个简单的动作或一个深情的眼神，都有可能深刻地触动双方的情感，从而对采访的深度和效率产生直接的影响。例如，当采访者坐在沙发上聆听讲述者讲述自己或他人的故事时，他们的身体前倾仔细聆听和背靠沙发昂首闭目，这对讲述者的心理产生的影响是不同的；当讲述者描述情感时，他泪流满面，而采访者则平静地递给他一张纸巾，这与采访者的冷漠或皱眉形成了鲜明对比，这对讲述者的内心产生了不同的影响。这些差异决定了讲述者是继续叙述还是匆忙结束。

从这一点出发，我们可以明确地认识到，采访不仅是一种普遍存在的调查和研究活动，也是在受访者与被访者之间进行互动的行为模式。

（二）新闻采访的涵义及其特点

关于新闻采访的定义有很多种，其中最具代表性的包括：新闻采访实际上是一种独特的调研活动；新闻采访是新闻从业者为收集新闻内容而进行的一系列活动；新闻采访是记者和通信员在寻找和搜集新闻素材时所进行的工作；采访是一种艺术形式，采访人员通过实际行动和坚定意志，收集并研究真实且有意义的人物和事件，作为写作的素材；采访活动是新闻工作者（包括业余报道者）为了解实际情况而进行的新闻报道；采访是新闻工作者为满足大众传播需求而进行的认知活动，也是他们收集和搜寻新闻内容的专业方式。

上述定义各有独特之处，综合这些定义可以帮助我们更好地理解新闻采访的核心特性和属性。新闻采访活动是记者与通信员为收集新闻内容而进行的，无论是访谈、观察还是查阅资料，都包括在内。

考虑到新闻采访的性质，这是记者和通信员为新闻报道而进行的一种特定调查研究活动。由于其固有性质，新闻采访与其他类型的采访在本质上存在显著差异。

1. 新闻采访的目的——公开报道

记者在采访新闻时，实际上是在进行调查研究，这一过程始于调查研究并终于调查研究。记者采用观察、聆听、对话和查阅资料等多种调研手段，以获取新闻线索或产生初步的写作灵感。目前，记者对于"新闻的具体位置"和"新闻的价值到底有多大"的问题尚无明确答案，因此需要进行大量实地调查，进一步收集相关资料，并根据这些资料做出更深入的评估。然而，调查所用的资料往往是杂乱无章的，这就需要我们进行细致的筛选和研究，以便从表面到深层理解事物，从感性认识提升到理性认识，最终认识到事物的真正本质。在此过程中，记者不仅对"新闻点在哪里"有了清晰认识，还积累了大量证据支持其新闻判断。特别是当记者进行采访时，需广泛收集全国甚至全球的相关背景信息，并对某一事件进行持续跟踪报道，从而使对事实的理解变得全面和深入，采访的调查研究特点也更加突出。

"政策研究部门的调查研究旨在制定和修订相关政策；公安部门的调查研究目标是解决案件；法院法官的调查研究目标是进行案件判决；历史学家的调查研究目标是揭示历史真相；哲学家和理论家的调查研究目标是提炼事物发展和变化的基本规律以及某一特定领域的特殊规律……显然，记者采访的目的不同于上述目的，其目的是传播，不仅是'传'，还包括'播'；其传播对象（包括读者、听众、观众）是非常广泛的人群。"记者进行采访的核心目标是公开新闻报道，希望将"大众渴望了解但尚未知晓的关键事实"和"最新或更新的资讯以及最近发生的事件"传达给大众，使读者有所了解。"向领导反映群众实际情况和观点；向群众传达领导意图；向本国人民传达世界重大事件；向世界展示本国重大事件；向社会介绍一个单位的有价值情况；向每个人展示社会现状。"记者在采访某一事实或观点时，最初动机主要是为了公开新闻报道。

2. 新闻采访的过程——广泛性、伸缩性与独立性

不同于其他行业的调查研究通常仅局限于特定领域，记者的调查研究不受行业限制，可能涉及社会的各个行业和领域。尽管记者在采访工作中的职责逐渐细化，但他们的调查和研究范围并不局限于某一特定领域。那些从事

党政新闻报道的记者，如果对某个科技领域的议题感兴趣，可以进行深入研究和调查，并据此撰写新闻报道。而专门从事卫生新闻报道的记者也有可能在科技新闻领域扮演"客串"角色。此外，新闻采访的广泛性还意味着记者在采访某一具体事件时，不仅要对该事件进行深入调查，还需要对相关事件以及全国和全球的背景进行全面研究。

采访的灵活性主要体现在记者能够对众多社会事件进行深入的社会调查和研究，或者对一个完整事件进行全方位的研究，甚至可以对某一特定事物的某一特定方面进行微观调查。记者可以对国家经济状况和走势进行深入剖析，同时也能详尽研究和解读某城市服装产业的低迷原因，更能深入观察和分析消费者在不打折情况下的消费习惯。此外，当记者对某一现象或事件进行采访时，他们的调查往往是持续进行的。这种连续性意味着记者可以随着事物的变化和发展，持续进行调查。当一个事件仍在进展中时，记者可以随时进行报道，了解事件的最新动态。这与公安机关的侦查活动有本质区别。公安机关在侦查过程中，如果未完全查清案件真相，罪犯未被捕获，即便是一个微小细节未明确，也不敢得出最终判断。

新闻采访的独立性涵盖两个主要方面：首先，记者在进行调查研究时，不能像行政部门那样对被调查的单位或个人发号施令，要求他们准备好相关人员和材料；其次，记者需要独立地观察和与人交流，通过采访技巧来获取信息。此外，记者没有义务提供服务。更重要的是，记者在进行调查和研究时，不受任何特定部门或个人的影响，需要独立思考和判断，以客观公正的态度调查和报道事实真相。新闻媒体不属于行政部门，也不应被视为某一部门的代表，它是一个独立于其他机构的社会舆论实体。当读者浏览新闻时，他们的主要目的是了解当下世界的真实情况，而记者的职责是向读者揭示真实发生的事件，而不是简单按照行政命令处理"事实"。

3. 新闻采访的内容选择——新鲜性、新闻性、典型性、真实性

新闻的价值在于其新鲜性。新闻采访的调查主要集中于"新近"发生的

事件（这里的"新近"有时甚至指正在发生的事情），而不是那些已经发生很久的事件，否则新闻就会变成过时的新闻。报道的时效性由内容的新颖性所决定。随着新闻领域的竞争日益激烈，媒体的时效性逐渐被视为取胜的关键策略。特别是网络媒体，以其实时性为显著特点，对传统媒体构成了巨大竞争压力。一个突发事件在短短几分钟内就在网络上传播开来，但这种先发优势常常给报纸、广播和电视媒体带来沉重压力。因此，与其他调查研究相比，新闻采访在速度上的要求显得更高。很多情况下，新闻采访的时效性成为判断其成功与否的关键因素，如果错失了报道的最佳时机，调查和研究的质量将会受到严重影响。

近期发生的事件数量众多，因此选择哪些事实进行深入调查和研究，成为判断新闻采访是否成功的关键因素之一。当记者进行公开报道时，首先需要评估所选择的事实是否具有新闻价值。新闻价值由许多因素构成，但最核心的问题是它是否能够吸引公众关注。如果新闻工作者更倾向于选择公众感兴趣的事实进行调查和研究，这样不仅具有更高的新闻价值，还能更有效地传播信息。在具有新闻意义的事件中，新闻采访常常选择那些更能反映问题、更具代表性的事实进行深入调查和研究，因为这些事件更容易吸引公众关注。记者选择的差异主要源于他们获取事实的途径各不相同。

二、新闻采访是新闻传播活动的起点

在新闻业务的四大领域——采访、写作、编辑和评论中，采访被置于首位。不管是在报纸、广播、电视或是互联网上，新闻传播的整个过程都需要首先进行采访，然后才能完成稿件的编写、排版、发行，以及广播和电视新闻节目的制作和播放。通常，新闻稿件的产生和传播过程主要包括以下几个步骤：首先记者需要通过多种方式找到新闻线索，其次根据这个线索收集相关素材，提炼出合适的新闻主题，再次构思文章的结构，最后写出新闻稿。只有拥有新闻稿，后续的新闻出版流程，包括编辑、审稿、版面设计和印刷工作，才能得以进行。

（一）新闻采访是新闻写作的先决条件

"采访决定写作"这一观点应当是不容置疑的。首先，从物质与精神之间的联系来看，新闻报道的是客观事实，这是意识的一部分，属于第二性的。要将物质范畴中的第一性客观事实转化为新闻，必须通过采访和写作这两个中介环节。在采访与写作的中间步骤中，首先进行采访，然后再进行写作。进行采访是为了为写作收集事实资料，这实际上是一个基于实践的过程，也是记者基于对客观事实的了解来挑选新闻内容的方式；写作的本质是基于采访得到的事实资料进行整理和加工，以满足读者的阅读需求或为实践提供指导。如果没有从采访中获取大量新闻信息，那么写作就如同没有水源的河流和没有根基的树木。其次，写作的深度和广度是由采访的深度和广度所决定的。新闻的传播实际上是记者对客观事实的了解过程。只有当我们意识到某个程度时，信息的传播才能达到预期效果。记者在收集事实资料的同时，也在进行对知识的理解。随着对事物认识的加深，事实资料的收集也只能达到一定深度，这进一步导致写作对事物的理解也只能达到一个特定的水平。

观察新闻稿件的生成过程，记者从采访中获取了大量新闻线索，这些线索需要记者在日常会议、各种活动、调查研究，以及日常生活的常态中去挖掘和发现。在某些情况下，记者所获得的新闻信息可能来源于读者的信件或电话，也可能来自会议通知或查阅历史悠久的报纸。当记者通过这些方式找到特定的新闻线索时，他们会迅速地从各种途径收集相关内容，或是进行观察、与他人交流，或是查阅其他相关资料，这就构成了他们的采访过程。在新闻报道中，记者通常是在采访的过程中提炼出新闻的核心思想和构建文章的框架。因为只有当记者在采访中初步确定新闻的中心思想，并构建文章的框架时，他们才能判断围绕这一核心主题所收集的素材是否充足。

有些人认为，新闻的质量是七分采、三分写。一名经验丰富的记者，往往会将大部分精力投入到新闻采访中。一旦采访做得到位，那些普通人可能不会察觉或难以挖掘的相关素材也已经被挖掘出来，新闻的核心内容变得清晰明了，接下来的写作步骤也因此变得更加自然和流畅。得益于成功的采访，许多记者在完成采访后，在返回报社的途中，已在脑海中构思出了一篇新闻稿的整体结构。

在某些情况下，记者在前往基层进行采访之前，往往会预先构思一些新闻主题，并按照这些主题进行采访。这是否意味着"采访构成了新闻传播活动的初始步骤"？为了解答这一疑问，我们必须将新闻采访视为一种沟通的手段。今日的新闻采访实际上是对昨日采访的进一步延伸，一个新的新闻标题的出现不仅源于这次采访，更多的是基于之前采访经验的累积。它绝不是毫无根据的采访想象或突然的灵感，而是基于多次采访中积累的丰富素材，经过深入思考和归纳得出的结论。此外，这些新提出的问题是否切实可行，还需要在实际采访过程中进行验证。

（二）新闻写作对新闻采访的影响

我们对新闻采访的重要性给予肯定和强调，但这并不代表我们否认新闻写作在社会中的重要地位和作用。采访的核心目标是传递信息，而要传达的信息是一篇接一篇的完整新闻稿，所有这一切都依赖于出色的写作技巧。同样地，写作技巧是采访不可或缺的支柱。在相同的新闻内容中，某些记者展现出了高超的技巧，而另一些记者则显得相对平淡。这样的结果会直接激发读者的阅读热情，并对信息的传播产生影响。

除此之外，新闻的撰写方式也对新闻的采集产生了直接影响。这主要在两个层面上得到体现：首先，新闻的主题对采访的方向产生影响。写作并不是等到真正开始写作的时候，而是通常在接受采访时就进行了深入思考。新闻的核心主题是写作过程中必须考虑的一部分。尽管主题是写作过程中的一个重要方面，但它并不是在采访结束后才开始考虑的。因此，记者在进行采访的同时，常常需要从写作的视角去思考如何更好地把握新闻的核心主题。在新闻采访的实际操作中，经常可以观察到这样的情况：一些记者在一天之内能够接收到多条新闻线索，并且在每次采访结束后都能迅速完成至少一篇新闻稿。而另一些记者则投入了一整天的时间和精力去采访某一特定事件，有时甚至会重复多次，但回到家后仍然不确定应该从哪里开始。主要的差异体现在记者在采访过程中是否有对新闻主题进行深入思考的习惯，以及他们对该主题的判断能力如何。如何判断和把握主题直接决定了记者在采访中应该深入探讨的方向。其次，新闻的类型和风格会对采访的深度和范围产生影响。正如新闻的主题在采访中是一个必须考虑的问题，新闻的体裁也是在采访过程中必须考虑的因素。各种新闻类型对于内容的需求各不相同。通常情况下，信息所需的资料具有更强的总结性，而通信所需的资料则更注重细节。因为它们在收集材料时对细节的要求各不相同，这直接决定了采访的深度和范围。

然而，尽管我们强调了新闻写作在新闻采访中的关键作用，但新闻采访作为新闻传播的初始点这一事实仍然不能改变。

第二节　新闻编辑

（一）编辑溯源及界定

1. 编辑的起源

在《说文解字》中，"编"的定义被解释为"次简也"。颜师古在《汉书注》中提到："编，即是指联次简牍的意思。"在编辑作品中，《韩非子·说林下》提到了"甲集而兵聚"一句。《汉书·艺文志》中提道，"当夫子去世后，他的弟子们共同编辑并讨论编纂，因此这本书被称为《论语》。"颜师古在《汉书注》中提到"辑与集同"，意指收集和集结。

在古代，编辑的主要任务是对书籍进行整理，涵盖辑集、校对、审订和编选等方面，而编辑工作主要集中在单一的文字内容上。

2. 编辑的发展

随着社会进步，"编辑"的定义和范围不断演变和扩展。

首先，编辑的职责已经超越了古代编辑的界限，从单一的编著工作中独立出来。在现代，编辑的主要任务是选择合适的题材、物色作者、审查和处理稿件，这当然也涵盖古籍的整理和校对等工作。

其次，现代编辑工作的核心目标不再仅是将内容整理为书籍，还涵盖报纸、期刊、广播、电视、音像制品、电子出版物和互联网出版等多个领域。现代编辑的工作内容不仅局限于文字信息，还扩展到声音、图像、影像、图片、图表、动画和多媒体等多种信息形式。无论是报纸、广播、电视、期刊、网络、音像还是电子出版物，其出版和传播都离不开编辑的参与。

最后，现代编辑整理的信息不仅包括过去的知识和信息，还涵盖最近发生的事实，甚至包括正在发生的事实的信息。

3. 编辑的定义

与此同时，在当代语言背景下，"编辑"的定义呈现出丰富的多样性。

编辑的第一个定义是指那些从事编辑职业的专业人士，编辑即是编辑者。

编辑的第二个定义是指在新闻或其他出版物的发布和传播过程中，编辑者涉及的决策、组织、处理和设计等专业任务，编辑的定义即为编辑工作。

编辑的第三个定义涉及编辑者在执行编辑职责时所进行的实际工作或各种活动，因此编辑可以被视为编辑的工作或活动。

编辑的第四个定义涉及一种特定的职称或职位，指那些从事编辑工作的专业人士所持有的专业技术职称或岗位，例如总编辑、高级编辑或责任编辑等。

在《辞源》中，"编辑"的概念被总结为"搜集各种资料并将其编纂成书"。在《中国大百科全书·新闻出版卷》中，"编辑"被描述为"利用物质和技术手段，进行组织、记录、搜集、编纂、审核各种精神成果和其他文献资料的工作，并确保这些资料在社会上得到广泛传播和展示"。这个定义较为全面地总结了编辑工作的各种方法、工具、目标和意图。

（二）报刊新闻编辑的出现与发展

新闻编辑这一职业最初是在报纸和杂志行业中崭露头角的。报刊新闻编辑作为一项活动，伴随近代报刊的诞生而诞生；报刊新闻编辑这一职业，是伴随着报刊内部的职责划分而诞生的。

在报纸出版的初期阶段，从采访到编辑，再到印刷和发行，各个环节并没有明确的职责划分。在周报和日报问世之后，需要一群专业人士进行分工合作，从采访到编辑，再到排版和印刷，都有了明确的任务划分，这催生了最初以报纸新闻编辑为主要职业的专业人士。

报纸和杂志的新闻编辑经历了大约 4 个主要的发展时期。

1. 文字信息编辑

在早期，报纸和杂志的出版周期相对较长，新闻发布不多，因此新闻编辑主要集中在文字新闻稿件的整理和编辑上。在这个时期，报纸和新闻的编辑仍然采用书籍的编辑技巧和方法，这与传统的书籍编辑方式相差无几。

2. 重视文字信息和图片信息编辑及信息组合

随着摄影技术、摄影制版技术和传真技术的不断进步，新闻照片在新闻传播中的重要性逐渐增加，图片编辑逐渐成为报纸编辑工作的一个重要组成部分。随着报纸的多样化和其持续成长，新闻编辑开始更加注重新闻信息的整合和展示，同时也在不断优化报纸的版面设计和布局。

3. 运用激光照排系统和计算机采编系统

利用激光照排技术，标题和正文中的字体大小可以有更大的变化范围。计算机能够辅助设计和制作各种图形，使得报纸的版面设计更为丰富和多样。计算机采编系统的应用确保了采集、编辑、修改、排版、签发等多个环节都能在网络上完成，使得编辑流程变得更加合理和高效。此外，计算机采编系统结合了数码相机、扫描仪和先进的通信技术，使得报纸编辑可以在计算机上对图片进行缩放、裁剪和其他处理，这标志着新闻图片处理进入高品质的数字化和快速网络传输的新时代。

4. 运用互联网

随着时间的推移，更多的新闻编辑开始使用互联网来搜索和浏览各种信息，以寻找新闻的线索。新闻编辑不仅使用互联网数据库来挖掘各种类型的新闻信息，还通过电子邮件进行远程采访。随着时间的推移，更多的报纸开始利用其网络资源来创建在线类的专版和专栏，以扩大其报道的范围和深度。此外，通过卫星接收和传版系统的应用，报纸得以在多个地点进行远程印刷，这不仅确保了其时效性，还显著提升了报纸的服务水平。利用新型的彩色印刷技术，报纸的版面设计已经摆脱了"黑、白、灰"或仅能进行单色套印的传统。

（三）广播新闻编辑的出现与发展

1. 播报报纸新闻

最初的广播电台是一个集多种节目于一体的综合平台，其节目内容主要集中在新闻报道、音乐播放和演讲环节。在广播诞生后的首个十年里，广播新闻在所有节目中所占的份额相对较小。电台并未建立自己的新闻采编团队，而是选择使用报纸新闻和通信社的稿件进行播出。有些电台甚至聘请了报纸新闻编辑来负责广播新闻的编辑工作，但实际上，新闻并未构成广播传播的核心内容。在这一阶段，广播新闻编辑模仿了报纸新闻编辑的方式，没有充分利用广播传播的快速优势，也未体现出广播媒体的独特性。

2. 广播新闻独立发展

在 20 世纪 30 年代初期，由于报纸和通信社对电台的消息封锁，一些电台开始自行撰写新闻，加强新闻评论节目，评述重大事件，完善新闻播出方式，使得简短新闻成为一种新的新闻形式。到了 20 世纪 30 年代末，广播新闻已经崭露头角，作为一个独立的传媒工具，它能迅速地传播新闻，成为关键的信息渠道。在这一阶段，各种板块节目和带有广播特色的新闻节目如 15 分钟、30 分钟、60 分钟的新闻节目格式得到了广泛应用。在这一阶段，广播新闻编辑成功摆脱了传统报纸新闻编辑的限制，初步展现了广播传播的快速优势，广播新闻的独特性质也得到了充分体现。

3. 实况转播和现场报道

在这一时期出现了早期的实况转播和现场报道。这一时期的广播新闻编辑充分体现了现场转播和音响报道的优势。

4. 专业新闻电台

全新闻台的工作时间通常是 18 分钟到 30 分钟，每个时间段都会对新闻稿件进行改编，加入最新内容，播放各种特写和评论，并提供最新的二手新闻资讯。绝大多数新闻报道是由主持人通过串联记者的口头采访进行播放，并配以简洁的开场白。高度重视对各种观点材料的全面报道，并可能进行专家级别讨论。新闻与谈话综合台在早晨和傍晚播出新闻节目，而在晚上和周末则播放体育现场报道，其余时间则完全用于播放听众热线节目。在这个阶段，广播新闻的独特性得到了深入展现。

（四）电视新闻编辑的出现与发展

电视新闻传播的产生和发展大致经历了以下几个阶段。

1. 口播新闻

口播新闻也就是模仿广播的传播方式。由记者编辑写稿，播音员读播，沿用的是广播新闻形式，没有体现电视特点。

2. 电影新闻

美国全国广播公司和哥伦比亚广播公司先后与电影厂商合作，生产专供拍摄电视新闻用的摄影机和胶片，电视新闻从此开始了以形象画面为特点的传播历史。

3. 电子新闻采集

自 20 世纪 70 年代起，部分电视台开始采用 ENG（即电子新闻采集）技术，并利用便携式的摄像和录像设备进行新闻采集，这大大简化了新闻现场的拍摄工作。然而，通过这一途径获得的信息素材还需在电子编辑平台上进行进一步的编辑和剪辑。随着电缆通信、微波通信和卫星通信技术的不断进步，利用 ENG 方式获取的数据素材能够轻松地进行远程传输，从而提高了传输的灵活性和机动性。

4. 电子现场制作

电子现场制作，也被称为即时制作或 EFP，是对一套适用于台外操作的电视设备的统称。通过 EFP 方法，我们能够在事件发生的地点制作电视节目，并进行实时直播或录制。

5. 电子演播室制作

电子演播室制作，也称为 ESP，主要涉及演播室的录像制作过程。利用 ESP 方法，可以选择先录制再编辑，或者选择即时录制、即时播放或即时录制。

随着电视新闻传播技术的不断进步，电视新闻编辑也逐渐走向成熟。无论是口播新闻、电子新闻采集、电子现场制作、电子演播室制作，还是国内新闻报道、国际新闻报道、新闻录播、现场实况转播、新闻栏目、新闻频道，这些都是现代科技与新闻采编业务融合的成果。随着电子新闻采集技术的广泛应用，电视新闻不再完全依赖于电影胶片，这不仅简化了电视节目的制作流程，还大大缩短了电视新闻的制作周期。在 20 世纪 80 年代，计算机系统在传递稿件和制作字幕等方面的应用，再一次增强了电视新闻编辑的工作效能。在 20 世纪 90 年代，电视节目制作领域引入了多媒体非线性编辑系统，这解决了电子新闻采集设备只能顺序观看、不能随意选择画面的问题，同时也极大地丰富了电视制作方法，提升了电视画面的质量，并节约了编辑制作的时间。随着技术的进步，电视编辑得到了更为宽广的展示平台，同时也推动了电视新闻节目种类的多样化。

（五）网络新闻编辑的出现与发展

在 20 世纪 80 年代末，互联网上的新闻传播主要集中在静态的文本和图像上。在 20 世纪 90 年代，随着多媒体技术和网络通信技术的日益完善，特别是万维网和网络浏览器的引入，网络上的多媒体新闻开始逐渐兴起。许多传统的新闻媒体开始融入互联网，同时，许多商业网站也开始开设自己的新闻频道，进行广泛的新闻传播。

1. 传统媒介走进互联网的发展阶段

传统媒介走进互联网大致经历了三个阶段。

（1）翻版阶段

报纸媒介将印刷版直接搬上网络，除了版面设计不同外，内容与母报并无不同。广播电视媒介上网初期，重点也是介绍自己，作用类似于广播电视报。

（2）变化阶段

随着时间的推移，网络媒体开始主动地根据网络传播的独特性来选择其内容和形式。在这个阶段，报纸网站的内容与传统的印刷版本存在明显的差异，新加入了更多专为网络读者设计并利用网络优势提供服务的内容。广播和电视媒体创建的网站不仅介绍广播和电视新闻，还开始提供自己编辑的新闻，并建立相关的数据库，对关键字或相关背景建立超链接，以方便观众查阅相关信息。在这个时期，网络媒体仅仅作为传统媒体的一个补足而存在。

（3）综合阶段

网络媒介真正成为一种独立的媒介，综合多种媒介形式，包括声音、图像、影像、动画等。它们同时是一个综合的信息服务提供者，具有商业、娱乐、网上社区等其他服务项目。

2. 网络新闻编辑的发展趋势

新闻编辑在网络媒介出现之后，进一步发展，呈现出两种趋势。

（1）多媒体编辑

网络新闻编辑将报纸的文字、图片、版面编辑方式和广播的音频编辑方式、电视的视频与音频编辑方式相结合，同时根据网络传播特点进行整合，形成真正的多媒体编辑。

（2）采编一体化

网络新闻的编辑工作与新闻信息的收集是紧密结合的。在互联网的传播过程中，目标受众不仅是信息的传递者，而且在执行传播任务时，他们融合了新闻信息的收集、编辑和发布功能。即便在高度专业化的网络传播平台上，网络传播由于其对时效性和互动性的追求，也正在推动新闻的采集和编辑工作走向一体化。网络新闻已经从传统的新闻采集、编辑和发布的独立模式，转变为集采编、发布于一体的无纸化传输、在线下载和打印功能，这极大地减少了制作成本。

（六）媒介融合与新闻编辑

1. 媒介融合对新闻编辑的影响

进入 21 世纪初，新一代的互联网、卫星通信技术和数字技术在传媒行业中得到了广泛应用。新闻媒体的整合已经成为一种不可逆转的趋势，传统媒体与新型媒体的结合也变得越来越紧密。手机报纸、手机广播、手机电视、网络报纸、网络广播、网络电视、卫星报纸、卫星广播、卫星电视、数字报纸、数字广播和数字电视等都正在逐渐成为传统媒体发展的新动力。

媒介融合不只是指传统媒体与网络媒体的结合，例如网络与报纸、网络与广播、网络与电视的结合，还涵盖了传统媒体间的各种融合，例如报纸与电视、报纸与期刊、报纸与广播以及广播与电视的结合等。

在传统的媒体环境下，新闻编辑主要是通过单一的媒介来编辑新闻的内容。随着传统媒体与网络媒体的融合，特别是媒体开始走向集团化，传统媒体开始整合新闻的人力、信息和设备资源，以实现新闻传播的最大效果。为此，它们经常选择跨媒体和跨地区的方式进行传播，确保媒体之间的融合和互动。随着时间的推移，新闻编辑的角色也经历了转变，从单纯的新闻编辑者变为新闻和信息服务的提供者，同时也从新闻的监管者变为新闻的解析者和公众论坛的主持人。

在当前的背景下，传统的新闻编辑业务，如报纸新闻编辑、广播新闻编辑、电视新闻编辑和网络新闻编辑，显然已经不再适用。那些只具备单一业务技能的新闻编辑人员将很难胜任跨媒体和跨地区的新闻传播任务，而传统的新闻编辑流程和组织结构也无法满足跨媒体和跨地区的编辑需求。对于新闻编辑这一职业来说，他们需要精通各种新闻信息的采集、编辑和传播技巧。这不仅包括文字新闻和图片新闻的编辑，还涵盖音频新闻和视频新闻的编辑，并需要综合运用这些新闻编辑技能；对于新闻编辑机构来说，他们需要构建一个集新闻信息收集、实时处理以及新闻的采集、编辑和播放于一体的高效新闻处理流程。

2. 新闻编辑融合的发展阶段

在 21 世纪，新闻编辑的主要发展方向是融合。这种融合涵盖了新闻编辑的专业技能、信息资源、传播模式、传播质量、传播效果、传播者与受众、编辑组织，以及编辑流程等多个方面。新闻编辑的整合经过了数个不同的发展时期。

（1）报（台）网联动阶段

报纸和其他传统媒体的重要报道主题已经上线，而网络媒体则充分发挥了传统媒体的新闻资源优势，利用其强大的整合能力来制作专题报道，确保在主题报道、重大事件报道和活动报道中，主流舆论能够得到网络的全面覆盖。在这一阶段，新闻编辑融合的显著特征是新闻信息资源与新闻传播效果的完美结合。

（2）报（台）网互动阶段

报纸和其他传统媒体通过使用即时通信工具（如手机）作为新闻热线，推出了网上热线和"热线网上聊"等多个版块或栏目，这极大地丰富了报纸和其他传统媒体的新闻信息资源，并提升了报纸和其他传统媒体与读者之间的交流流量；报纸和其他传统媒体与网络媒体联手推出专栏，紧扣公众关心的核心议题，精心挑选网络上的热门话题，激发报纸读者、广播听众、电视观众，以及网络观众的讨论，并将这些讨论整理成多个观点，以正确地引导他们。在这个时期，新闻编辑的整合已经扩展到新闻编辑的业务技巧、新闻的传播方式，以及新闻的传播者与观众之间的结合。

（3）报（台）网融合阶段

传统媒体和网络媒体共同推出了名为"滚动新闻"的项目，创建了一个统一的新闻采集和编辑平台，并组建了一个统一的新闻采集和编辑团队。这一举措解决了传统媒体，特别是报纸，在新闻报道中无法实现实时滚动发布和多媒体展示的问题，从而实现了传统媒体与新兴媒体在真正意义上的融合。在这一阶段，新闻编辑的整合不仅限于新闻编辑组织的整合，还扩展到了新闻编辑流程的整合。

无论是报纸还是网络，从媒体之间的竞争到整合，从媒体的分离到融合，从各自的优点和缺点到各自的优势互补和集中，新闻编辑业务的变革和发展始终伴随着新闻信息载体的形态变化。面对新媒体的冲击，传统媒体被迫持续优化其新闻编辑流程，以更明确地展示其独特性和更全面地发挥其潜在优势。与此同时，旧媒体的编辑工作为新媒体的编辑工作打下了坚实的基础。新媒体的编辑特性往往是从旧媒体的编辑经验中发展而来，这种特性反过来也会推动旧媒体的编辑改革进程。随着各种新型媒体的共同进化和生存，新闻编辑的角色也经历了从最初的文字编辑到多媒体编辑的转变，再到多媒体编辑形式的融合，他们的工作内容和操作方式都在不断地丰富和变革。

二、媒介形态与新闻编辑

新闻编辑指的是在现代新闻机构中，涉及新闻媒介产品制作过程中的各种决策、组织、选择、处理、设计和制作等专业活动的统称。基于不同的传播手段，新闻媒介的发展可以被划分为五个主要阶段：第一种是以传递文字、图片等静态内容为主的报纸和杂志媒介；第二种是主要以传递声音和信息为显著特点的广播媒介；第三种是主要传递声音和图像信息的电视媒体；第四种是综合传播文字、图片、音频和视频信息的网络媒体；第五种是媒体的整合。根据不同的媒介分类，新闻编辑可以细分为报纸新闻编辑、期刊新闻编辑、广播新闻编辑、电视新闻编辑以及网络新闻编辑等类别。

（一）媒介的传播特点

1. 报纸的传播特点

报纸通过印刷文字传播。首先，其优势在于良好的记录性，使读者可以多次阅读、深入研究，并作为长期资料保存；其次，具有很强的选择性，读者能够自由选择阅读时间、地点和内容；最后，材料的应用非常灵活，不受时间和空间的束缚，无论是从宏观还是微观，从表面现象到内在本质，甚至从人的外观到内心活动，都能清晰呈现。

2. 广播的传播特点

广播利用声音传播。首先，其优势在于时效性，能够对正在发生的新闻事件进行同步报道，使世界任何国家和地区同时接收新闻现场报道，这是其他媒介无法比拟的优点；其次，广播具有很强的渗透性，不受空间和交通状况束缚，传播范围广泛；再次，广播的广泛性使得只要听力没有问题，任何文化水平的人都可以自由收听；最后，其感染力强，语言和音效充满活力，拥有文字无法替代的独特魅力。

3. 电视的传播特点

电视通过图像和音频传播。首先是其优势在于时效性，能够通过电子新闻采集、电子现场制作、电子演播室制作和通信卫星应用，实现同步报道，突破时间和空间限制；其次是新闻的现场性，电视新闻为观众提供便捷的方式展现新闻现场，让观众有机会亲自观看、聆听和观察新闻事件，增强新闻的可靠性和准确性；再次是电视新闻具有更强的纪实性，提供真实、强烈且内容丰富的现场信息；最后是亲近性，电视屏幕上的播音员、主持人通过声音和身体语言与观众建立特殊的社交关系，更有效地激发亲近感。

4. 网络的传播特点

网络结合报纸、广播和电视的独特性质，同时具备基于计算机网络技术的新特性。网络媒介拥有独特的传播特点和规律。

① 信息传播的多样性：互联网打破少数人对信息传播的控制，任何个人、组织、团体都能自主传播信息。

② 目标受众全球范围：网络技术消除地理界限，全球用户能同时接收信息。

③ 信息选择自由化：用户享有完全的信息选择权，按意愿挑选所需内容。

④ 信息相互传递：网络受众摆脱被动角色，独立决定新闻选择和评价，确保信息交流中享有同等权利。

⑤ 身份隐匿性：网络新闻传播者和接收者身份隐匿，具有双重影响。

⑥ 传播方式小众化：网络受众具有高度自由度和区分度，网络媒体向尊重个性化转变。

⑦ 多种媒介传播：网络媒体结合文字、图像、视频和音频等多种传播工具。

⑧ 新闻时效性：网络媒体有能力快速报道、更新、更改或删除新闻。

⑨ 信息存储无限：网络成为信息宝库，实时扫描和报道社会生活。

⑩ 查询检索便捷：网络媒体创建庞大的数据库，提供高效查询工具。

由于报纸、广播、电视和网络等多种媒体具有各自独特的传播属性，新闻编辑需要充分发挥各自长处，规避短处，以吸引更多观众。观察当前全球及中国新闻传播行业的发展，报纸新闻编辑需深入挖掘新闻事件的内在含义，强化综合分析和深度报道；广播新闻编辑应充分利用简洁、迅速和新颖的特点，加大现场录音和音频报道力度；电视新闻编辑需加强现场报道，优化节目内容；网络新闻编辑需重视信息筛选和再处理，加强网络舆论指导。

（二）媒介的传播符号

传播符号指的是新闻媒体在进行新闻报道时可以使用的标识。符号可分为语言符号和非语言符号。其中，语言符号涵盖口头语言和书面语言，而非语言符号则包括身体语言（如动作、姿态、类语言）、视觉相关的非语言符号以及听觉相关的非语言符号。各类符号各有其独特作用：语言符号因其抽象性而具有演绎性质，适合用于逻辑推断和抽象总结；非语言符号因其具象性特点，具备再现性功能，适合用于传达态度、情感、场景和氛围等信息。无论是报纸、广播、电视还是网络媒体，它们都采用两种或多种符号来构建其独特的传播符号体系，但这些符号在整体体系中的角色和地位各不相同。

1. 报纸的传播符号

报纸主要依赖文字和视觉非语言符号进行报道，擅长深入分析和论述，并引用大量新闻评论。由于报纸的文字和视觉非语言符号需附加在纸上，使其具有易保存、易查找、便携和自主阅读的特点。然而，报纸的符号体系存在明显不足。由于缺乏声音语言符号和听觉非语言符号的支持，报纸的实证性和事件再现力受到限制，也影响了传播的时效性和感染力。

2. 广播的传播符号

广播主要使用有声语言符号和听觉非语言符号，声音的快速和便捷传播赋予广播很强的时效性，听觉性符号使广播在实证性和感染力等方面具有优势。然而，听觉符号在实际物体及其收听顺序中的不可选择性，使广播具有短暂、不便保存和查询的缺点。

3. 电视的传播符号

电视的符号系统比报纸和广播丰富，同时拥有语言符号和非语言符号、听觉符号和视觉符号，传播功能非常强大，这也是电视成为"第一媒介"的根本原因。但电视的符号系统和广播一样，存在保存难、查询难的弱点。

4. 网络的传播符号

理论上，网络媒介拥有最全面的符号体系，并能自由运用这些符号。我国网络媒体在文字和图片传输上相对便捷迅速，但在声音和图像传输上显得较为缓慢。在文字语言符号和视觉非语言符号中，图片、版面、色彩和示意图等被认为是当前网络媒介中最关键的传播标志。而有声语言符号（如口语）、体语（如类语言）和听觉非语言符号（如动作和姿态）则被视为网络媒介的次要传播标志。相对地，视觉非语言符号（如图像）和体语（如动作和姿态）因传输速度较慢，在网络媒介中的应用相对较少。

（三）各类媒介的新闻编辑

1. 传播内容的总体策划和设计

在整体的传播内容策划与设计方面，不同类型媒体的新闻编辑存在差异。

报纸的新闻编辑不仅负责栏目的策划，还需对报纸的总体风格进行精心设计。报纸的整体风格主要反映在编辑策略上，这些策略基于办报的基本原则，并专为版面设计提供指导。编辑方针详细规定了报纸版面的各个方面，包括分工和配置、选稿标准、稿件加工、稿件组合与配置、版面布局和美化手法。这些规定明确了报纸的目标读者、内容定位、传播水平和风格特色，是报纸编辑工作必须遵守的准则。

大部分电台、电视台和网站的新闻编辑，在对传播内容进行总体策划和设计时，通常专注于栏目的定位与策划。一个栏目所处的媒体风格由其频道和网站的定位决定，设计栏目时首要考虑该栏目所处的媒体风格。换句话说，新闻节目的定位和策划需与其频道和频率的整体风格保持一致。

2. 传播形式的总体设计

在构建传播方式的整体框架时，不同类型媒体的关注点各不相同。

报纸的新闻编辑高度重视视觉效果，他们采用空间布局、色彩、线条等印刷元素，评估事实，提出建议，并追求独特的报纸风格。

广播新闻的编辑团队高度重视听觉的综合效果，通过时间的线性组合与声音、音乐、音响等听觉元素，评估新闻内容并表达观点和态度。

电视新闻的编辑团队高度重视视觉和听觉的综合效果，通过时间的线性组合，结合动画、图像、音频、音响和音乐等多种视听元素，评估新闻并传达情感。

网络新闻编辑重视三维组合效果，通过空间组合、印刷符号和超链接手段形成以时间为轴的线性组合，并整合多媒体技术引入的音响和画面等符号，体现新闻的价值和风格。网络媒体有能力通过连续发布重要新闻和适当重复同一新闻来形成强大影响力，从发布单一新闻到组织热门话题，实现从简单到复杂、从基础到全面的转变。网络新闻编辑可以充分利用页面优势发布重要新闻，一些重要新闻甚至可以制作成弹出框展示。

3. 编辑流程

从编辑流程的角度看，不同类型媒介之间存在显著差异。

报纸作为新闻信息传播渠道，新闻编辑角色尤为关键。他们的工作流程包括以下关键步骤：确定报纸的编辑方向，设计内容结构、版面形象和风格特点，规划和组织当前重要新闻报道，分析和选择，修改新闻稿件并制作标题，配置新闻稿件，设计新闻版面，最后进行校对和签发。

广播和电视构成多元化传媒形式，其节目内容包括新闻报道、娱乐活动及各种服务。相较于报纸，除专业新闻频道和少数定位为新闻立台的电视和广播频道外，其他广播和电视频道在新闻传播时长上并无明显优势。因此，广播和电视新闻编辑在工作流程和分工上与报纸相似，但在节目制作过程中并不占据主导地位。

此外，由于广播和电视具有独特技术属性，其编辑流程与传统报纸明显不同。广播和电视新闻编辑流程包括以下关键步骤：确定报道总体方向（频道或频率栏目的定位）→设计报道策略和节目种类（确定内容框架结构的方法）→组织和协调日常报道及节目时间安排→编辑和处理内容（对提交给编辑部的内容进行优化，包括调整节目内容和传播方式）→审定和播发传输内容→播发时实时监控→收集和理解播发后的反馈信息。

鉴于广播和电视新闻对现场声音和影像的重视，以及记者、技术人员和设备配置的复杂性，编辑需对记者新闻采集进行全面安排。编辑对报道线索的依赖远超报纸，因此，广播和电视媒体通常在当天电视新闻播出后立即进行编前工作，策划第二天报道；特别是现场直播，通常需提前几天甚至几个月制订计划并做好准备。

除传统媒体创建的网站外，我国网络媒体并无独立记者团队，编辑承担所有新闻传播任务，主要职责是收集新闻信息。与传统媒体相比，网络媒体的新闻编辑流程和编辑人员职责划分更为简洁。规模较大的网站新闻编辑流程通常稍显复杂，具体步骤如下：确定编辑方向→安排报道→组织稿件（处理记者采写稿和其他来源稿件，如网络用户稿件）→选择并修改稿件→制作标题→配置稿件（利用相关软件进行文字、图像、声音、视频、动画编辑，以及图片、图像和视频文件编辑）→设计版面、编辑校对、网站负责人的审改、电子新闻主页的制作，最后在网上发布。某些网站仅提供稿件编写→初审→图文融合→最终审核→网络浏览等几个基础流程。对于一些相对复杂的稿件，编前需要精心策划选题，明确报道的重点，并对稿件进行筛选和修改。此外，还需要制作标题，并对稿件和图片进行整合配置，以实现深度报道的整合。编辑还需对稿件实施严格的四审制，并设计新闻板块内部与其他板块的联动机制。

4. 具体编辑过程

所有媒体的新闻编辑都需要执行一系列相似任务，包括报道的策划、稿件的组织、稿件的修改和整理。他们还需评估稿件在新闻、宣传和社会影响方面的价值，并决定是否、如何、在何处、何时发布其他类型的稿件。

然而，在实际执行过程中，由于编辑工作的目标和对象各异，他们的工作方法和目标存在很大差异。当涉及稿件的修改时，报纸新闻编辑有责任直接对文本稿件进行相应的修改、编辑或更改标题，同时需补充采访材料，优化素材准备，并配备相应的图片或评论；广播新闻编辑有责任对广播文本稿件进行适当的修改，确保其与广播语言的播放相一致。他们不能对录音报道进行"修改"，而应选择、编辑和组合，编写串联词，并选择、编辑和设置音乐，以增加其感染力；电视编辑的职责相对更为复杂，他们不能对现场的画面和声音进行"修改"，只能进行选择、编辑和组合。除此之外，他们还需撰写或修改电视新闻稿件、旁白，编写串联词，选择和编辑音乐，甚至利用资料的画面和音效来完善播出带。稿件的技术处理也只能由编辑来完成；对于大型网站的新闻编辑来说，从选择稿件、确保稿源的安全性到获得发稿的权限，他们都遵循严格的操作流程。其中一些还提供编辑挂牌服务，这确保了稿件在整个流程中的任何问题都能得到有效的管理和控制。文本整合是网站新闻编辑的核心策略，由于网站新闻的原创内容非常有限，主要来源于其他媒体渠道，如果不能有效地整合这些信息，就无法吸引更多的网络观众，从而使网站陷入困境。

三、新闻编辑的基本意识

编辑意识可以定义为编辑主体对编辑对象的一种系统性、自我意识的、伴随情感体验的、具有主动性的心理反应方式，包括对自身主体地位的理解、对编辑对象的理解、对编辑活动过程的理解，以及对编辑涉及的社会关系的认识。更明确地说，新闻编辑应当拥有以下核心意识。

（一）策划意识

现代新闻编辑的职责不仅仅局限于微观层面的新闻编辑，如组稿、组版、版面设计和节目制作等，还涵盖了宏观层面的新闻编辑业务，包括在微观业务启动前对媒介产品的整体设计，以及中观层面的新闻编辑业务，如新闻报道活动的设计和组织。更为重要的是，宏观和中观层面的新闻编辑业务对新闻媒体的持续发展具有极其重要的影响。在宏观层面上，新闻编辑的核心业务是新闻编辑的策划工作，而策划的目标是不断创新，强调独特性，并确保新闻资源得到最大程度利用。

1. 媒介产品的总体设计

在媒体创立或改版过程中，新闻编辑需要精心策划媒体的内容布局、形象塑造和独特风格。他们还需要精心规划报纸的各个版块和专栏（包括各种频率、频道、版块、专栏和节目），以明确媒体定位和风格。从 20 世纪 90 年代开始，如经济台、新闻台、交通台、音乐台和儿童台等专业电台纷纷涌现，服务受众更加明确，传播内容和手段更具针对性，广播形式也更加丰富多样。随着有线电视和卫星电视的快速发展，电视频道数量急剧增加，节目改版也变得越来越频繁。

2. 确定新闻报道的选题

新闻编辑需要具备对社会政治和经济状况变化的敏感观察能力，以及及时捕捉信息的能力，同时还需要有政策、理论知识、学识水平和预测判断能力。为了掌握这些技能，不仅需要获取大量社会资讯，还应着重了解党和国家在社会进步和经济发展方面的关键决策和相关法律法规。新闻编辑的职责不仅限于从工作视角识别和评估选题，还需要在全面了解社会、政治和经济大局的基础上进行选题策划。新闻编辑需要深入了解公众关心的焦点问题，关注广大人民群众的实际利益，并据此确定选题方向和展示视角。编辑在进行政策宣传和关注焦点的同时，也可以进行舆情调查，全面收集公众需求和关注点，精心策划选题，以确保新闻报道或新闻节目的连贯性和整体性。

3. 组织新闻采访和报道

首先，这种策划思维在新闻编辑对新闻稿件整体方向上得到体现。新闻编辑在撰写新闻时，应该广泛浏览新闻内容，深入了解各种新闻事件。他们应该主动出击，经常深入相关部门和社会基层，发掘更多生动信息，这样才能从更宏观角度理解新闻稿件发展趋势。

其次，这种策划思维在新闻创作、新闻专栏以及新闻节目的创新方面得到体现。"新"的概念不仅在主题、视角、主题和技巧上有所体现，还涵盖"过去的故事与新的篇章"和"新的形式"等方面，总能带给人们全新感受。

最后，这种策划意识在新闻报道的深度方面得到体现，包括对思想的深刻理解、分析的深度、对细节的深入挖掘，以及对背景的深度挖掘等。

4. 报纸版面设计、网络页面设计或广播电视新闻节目编排

首先，这种策划思维主要体现在加强新闻版面、新闻栏目和新闻节目的系统性思维和整体观念上。在新闻稿件布局、新闻版面设计以及新闻栏目和新闻节目编排方面，需要妥善平衡局部与整体关系。应具有清晰的版面设计意图或编排思路，重点突出新闻内容，确保重要部分或板块的有序布局，同时其他类型新闻也应具有多样性，保持适当张力，并保持结构清晰性。

其次，这种策划思维在版面布局或节目安排调整中得到体现。在新闻版面或新闻节目设计中，不可能每条新闻都吸引观众目光。为了更有效地吸引观众关注和兴趣，新闻版面或新闻节目编排必须具有动态性和变化性。这要求新闻版面在题材、形式上多样化，同时新闻节目在题材、形态和风格上也需要进行多样化组合和交错配置。

（二）全局意识

新闻编辑需要具备全局意识，意味着他们应从全局角度分析每篇稿件，

明确区分个体与整体、局部与整体的关系。新闻编辑的整体意识可分为三个层面：首先是对新闻编辑所处媒体社会环境有清晰认识，包括国家的法律、法规、方针、政策，党和政府的工作重点，以及社会关注的热点；其次是需对新闻编辑所处媒体生态有明确了解，不仅包括使用相同或不同介质的媒体，还涵盖性质相似或不同的媒体，以及该媒体在整个媒体体系中的位置；最后是要对新闻编辑所在媒体有明确了解，不仅包括本媒体的编辑原则、定位和总体风格，还涵盖本媒体的版面设计、专栏布局和栏目布局等方面。

具体来说，新闻编辑要树立全局意识，应了解以下信息。

1. 国家的法律法规、方针和政策等规范

国家制定的法律、法规、方针和政策等规范对社会环境塑造起到至关重要的作用，为我们提供了全面理解和评估具体情况的关键参考。在选择经济报道的主题时，必须充分考虑相关的经济法律和政策；在选择文教报道的主题时，也需要考虑文化教育的相关政策和法规。对于涉及民族和宗教问题的报道，了解国家的民族和宗教政策至关重要。对于新闻编辑而言，这些规范是至关重要的，他们需要根据这些规范来决定报道的主题、方式、时间和形式。

2. 党和政府的工作重点

党和政府的工作焦点是社会发展的主要方向，党的方针政策的实施是政府工作的焦点和难点，也是构建新闻传播社会环境的基本基调之一。精准掌握这一基调，通常可以产出大量有影响力和分量的新闻报道。例如，为应对金融危机，党和政府采纳了"保就业、保民生、保增长"的策略，这不仅是当前各级党委和政府的核心任务，同时也是各种媒体报道的焦点。

3. 社会关注的热点

随着社会的持续进步和变迁，每个阶段都会出现一些受到社会舆论广泛关注的核心议题，即我们常说的焦点或热议话题。这些社会焦点或热议话题

通常与普通民众的个人利益有紧密联系，集中反映了一段时间内社会发展的特点，因此新闻媒体有责任准确呈现这些特点。然而，这一特性会随时间推移而持续演变，新闻编辑需要敏感地捕捉这些变化，而不是过于关注那些已经过时或被大众视为常态的事物。

4. 媒体所在区域的媒介情况

在新闻传播的社会背景下，媒体的竞争对手成为一个关键要素。为了使新闻报道产生积极的社会影响，新闻编辑必须深入研究如何发挥优势、规避劣势，从而取得成功。在选择报道的主题时，我们需要深入了解竞争者的实际情况，努力规避他们的优势，并针对他们的不足进行深入探讨。

5. 本媒体近段时期的报道重点

各种媒体通常会依据最近的社会状况以及自身的特性和未来发展需求，来确定报道的阶段性重点。作为新闻编辑，我们必须对此有深入的理解和掌握。无论是在报纸的版面布局、稿件的修改、标题的创作、稿件的组合、补配、栏目的设计，还是在广播节目的板块布局、栏目设置、制作和编排，以及电视新闻的栏目设置和编排中，我们都应以服务和服从这一核心任务为中心。

6. 本媒体新闻单元的整体设置

在某一媒体机构内，编委会对报纸的新闻版面布局、新闻专栏的设计，以及广播和电视新闻栏目的总体布局进行了有组织的规划。他们的目标是通过对不同的版面、专栏和栏目进行功能划分和配置，以最大化新闻的传播效果。整体布局对具体的版面、专栏、栏目和节目都产生了一定限制。换句话说，所有版面、专栏、栏目和节目，只有在满足本媒体新闻发展的总体需求和妥善处理内部事务的前提下，才能实现进一步的发展。报纸的新闻版块包括要闻版、国内新闻版、国际新闻版、经济新闻版、社会新闻版和体育新闻版等多个部分，其中某些版块还进一步细分为多个专栏；电视新闻内容被划分为滚动新闻、核心新闻以及国际新闻等几个部分。在整体的新闻布局中，每一个版面、专栏和格局都肩负着各自独特的职责。如果新闻编辑没有对这些任务有准确的把握，或者没有做好自己应该做的，或者又抢过来做了不应该做的，那么很可能会导致整体的混乱和影响。

（三）把关意识

在这个世界上，每个时刻都有许多不同的事实正在发生。但并非每个事实都是新闻，也并非每个新闻事实都值得报道。同时，并非所有新闻事实都可以被完整呈现。同样，并非所有稿件都达到了无瑕疵或无错误的标准。新闻编辑的主要职责是筛选出能够真实反映和报道新闻事实的稿件，并修正其中存在的问题、瑕疵和错误。新闻编辑在分析、挑选、修订、布局、设计和编排新闻稿件的过程中，实际上构成了对稿件质量的严格把关。新闻编辑的审核意识主要体现在几个关键环节上。

1. 根据新闻定义淘汰未反映新闻事实的稿件

新闻报道的是最近发生的事件，这些事件必须真实且新颖。因此，不真实、过时、被视为常态或空泛的事实不能被视为新闻事实。在挑选稿件时，应淘汰那些反映虚假、陈旧、习以为常和空泛事实的稿件，保留能够真实反映和更新事实的稿件。

2. 根据新闻价值淘汰不具有新闻价值或新闻价值很小的稿件

新闻价值体现在事实本身所蕴含的、能够吸引受众关注的特质，包括时效性、重要性、接近性、显著性和趣味性等方面。只有当一个事实至少拥有两个核心新闻价值特质时，才值得被报道，其中时效性不可或缺。事实包含的元素越丰富，其新闻价值越高，越值得被报道。对于缺乏时效性的稿件，可以重新分类为非新闻性质稿件进行处理。

3. 根据宣传价值淘汰不符合传播者意图的稿件

宣传价值体现在事实所蕴含的对传播者有益、能够证实并支持传播者观点的品质，包括一致性、针对性、普遍性和典型性。其中，新闻事实与新闻媒体政治立场和价值观的高度一致性构成宣传价值的核心要素。对于我国媒体机构而言，选择新闻稿件时，应以党的理论、方针、政策，国家法律法规，以及社会主义道德观和价值观作为评判标准。

4. 根据新闻传播法规淘汰违反新闻传播法规的稿件

剔除不符合新闻传播法规的信息，确保所有传播出去的事实信息符合国家相关法律法规的规定。

5. 消除新闻稿件中的各种瑕疵、缺陷和错误

修正稿件中的错误，包括事实性、政治性、政策性、导向性、逻辑性、文字性和法律性错误，删除冗余文字，调整稿件结构，补充、改写、润色新闻稿件，使其符合新闻传播的需要。

（四）受众意识

新闻编辑的受众意识意味着应始终将受众放在首位，传递大众希望了解和需要了解的各类新闻资讯，以便于他们更容易地接受和阅读。这样，编辑可以用最少的努力让受众获取尽可能多的信息，并以最易于接受的方式使受众受到最大程度的影响。为了更好地服务受众，缩短新闻与受众之间的距离，满足他们的心理需求，并使他们能够认同和接受，我国的各种媒介在市场化过程中，受众意识得到了显著增强。

1. 一些直接定位于普通百姓的媒介开始出现

在报业中，有一些报纸专门为普通民众的日常生活提供服务；在广播行业中，已经涌现出如交通台、音乐台、文艺台和经济台等为市民生活提供直接服务的频道；电视行业也逐渐涌现出电影、体育、新闻和文艺等与城市居民日常生活紧密相连的频道；在互联网领域，涉及普通人衣、食、住、行等方面的网站种类繁多，难以一一列举。

2. 一些直接定位于普通百姓的版面、专版、专栏、专刊和栏目大量涌现

在报业中，晚报和都市报等主要服务于市民日常生活的报纸，已经推出了如社会、旅游、家居、房地产等高度服务性的版块、专版、专栏和专刊。同时，一些地方性党报，尤其是城市党报，也推出了涉及社会、保健、养生、旅游、休闲和法律服务等领域的版块、专版、专栏和专刊；在广播行业中，如交通台、经济台、新闻台、教育台和金融台，都推出了众多与民众日常生活紧密相连的专栏。

3. 新闻题材的选择越来越贴近百姓生活

在报业中，晚报和都市报在选择新闻内容时，基本上避免了会议报道、领导活动、常规行业新闻、与民众生活不直接相关的政府文件和典型报道，即便是必要报道，也仅进行了简短叙述；在广播行业中，节目主题选择与普通人日常生活紧密联系，无论是购房、投资还是理财，或是简单的思考，几乎都与普通人生活息息相关；在电视产业中，许多以社会新闻为核心的节目逐渐摒弃了传统"硬性"新闻内容，转而以亲近性和服务导向作为选择节目主题的准则。

4. 具体稿件的处理和播出形式贴近百姓生活

在报业中，一些具有较高专业性的新闻报道努力使表达方式既深入又易于理解，部分报道还提供了相关资料，对一些难以理解的专业词汇进行阐释；在广播行业中，观众参与度和互动性高的节目逐渐浮现，例如对话式节目、热线直播，以及具有鲜明地方特色的方言节目在当地电台播出；在电视行业中，新闻节目擅长捕捉公众关心的新闻焦点，强调内容与大众的紧密联系，并用生动、形象和具体的文字阐释专业信息，从而让观众更容易理解。

四、新闻传播中的法律

新闻传播活动不仅是面向大众的传播方式，也是人与人之间进行精神交

流的一种方式，同时还是一种必须遵循法律和道德规范的社会活动。新闻编辑在新闻传播过程中占据重要地位，因此必须受到法律和道德的严格约束与规范。

（一）新闻传播与国家安全

新闻传播过程中，主要存在两种可能威胁国家安全的情形。一种是煽动对国家安全的威胁，另一种是泄露、非法获取或向国外非法提供国家秘密。管理大众传媒的行政法规中的禁载条款，最核心的是禁止威胁国家安全和利益或泄露国家秘密。

根据相关法律、行政法规和行政规章，国家保密局、中央对外宣传小组、新闻出版署和广播电影电视部联合发布了《新闻出版保密规定》，为新闻出版保密工作提供了具体指导。

（1）新闻出版保密审查实行自审与送审相结合的制度。自审指新闻出版单位和信息提供单位依据保密法规对拟公开出版、报道的信息进行审查，而送审则是将涉及国家秘密界限不清的信息报送有关部门或其上级机关、单位审定。

（2）新闻机构及其采编人员需向有关部门反映或通报涉及国家秘密的信息时，应通过内部途径进行，并对涉密信息采取保密措施。

（3）被采访单位或被采访人向新闻单位提供有关信息时，如涉及国家秘密事项，需事先经批准并向采编人员申明。新闻机构在获知被采访者或被采访内容涉及国家秘密时，不得进行公开报道。对确需公开报道的涉密信息，新闻机构应向主管部门建议解密或采取删节、改编、隐去等措施，并需经主管部门审定。新闻机构采访涉及国家秘密的会议或其他活动，应经主办单位批准。主办单位应验证采访人员身份，明确报道内容，并对涉密内容进行审查。

（4）为确保国家秘密不被泄露，同时保障新闻传播活动顺利进行，中央国家机关及其他涉密单位应根据业务特点，加强与新闻单位的联系，确定正常信息提供渠道，完善新闻发布制度，适时通报宣传信息。

（5）个人拟向新闻机构公开的信息，如涉及本系统、本单位业务或是否涉密界限不清，须先经本单位或其上级机关、单位审定。

（二）新闻传播与社会秩序

新闻传播活动具有维护和稳定社会秩序的功能，这主要通过新闻政策和新闻职业道德规范予以调节和约束。然而，新闻媒介也可能传播不利于社会秩序的内容，这需要通过法律加以限制，并对违法行为进行制裁。

（三）新闻传播与司法活动

作为国家权力机构，司法部门必须接受各类监督，包括新闻和舆论的监督。新闻舆论监督与司法独立性都是宪法确立的基本原则。维护司法独立并不意味着无需舆论监督，而新闻舆论监督也不应干预司法。两者需要找到平衡点。

1. 依照诉讼程序进行报道

新闻媒体应根据法律诉讼流程进行报道。在案件审理中，必须避免偏见，确保报道与诉讼进程同步，不超出程序范围，不提前做出有罪或无罪、胜诉或败诉的预测和结论。报道应保持中立，不掺杂个人情感和立场。具体事实应由法庭提供，不报道法庭外的事件或证人证词。裁决前应平衡报道双方情况，尊重刑事被告的辩护权及民事诉讼当事人的平等权益。在一审后，应跟进上诉和抗诉的报道。如案件复杂多变，只要前事件已报道，后事件必须全面报道。

2. 不评论实体问题

新闻媒体可就案件审理流程和纪律发表意见，但不对实质性问题进行评论。程序性问题包括超期羁押、剥夺起诉权、强制措施违法等；纪律问题包括接受宴请、泄露办案机密等；实质性问题包括定性、定罪、证据真实性、刑罚时长和赔偿金额等。

3. 一审判决前不作评论

一审判决后，若社会争议较大，可对判决进行评论，但一审判决前不应发表评论。此类评论需遵循以下约束：基于全面事实报道，评论与事实界限明确；从法律原理和意识角度分析，不受情感影响；发布包括法律专家在内的社会观点，而非媒体或记者直接评论；避免仅针对一种观点发表异议。

4. 终审判决可以评论

终审判决生效后，公众评论和批评不再影响公正审判。对不恰当判决，可通过评论促使上级法院通过监督程序纠正。

（四）保守司法秘密

正在调查的案件通常被视为国家秘密，不公开报道。对影响大且必须报道的案件，经侦查部门和上级机关审核同意后，可先发布消息，待案件结束后详细报道。严禁透露侦查工具，尤其在特殊侦查时，不使用公安内部术语。审讯方案、策略和技巧不应详细描述。严禁报道关押嫌疑人的场所设计、安全措施、警戒系统及监控技术。禁止公开场所警力、值班和应对预案及被关押人员数量和状况。

（五）尊重案件当事人权利

根据刑事诉讼法，未经法院判决，任何人不得被认定有罪。涉及刑事案件的公民，审判前称"犯罪嫌疑人"，审判后称"被告人"，判决有罪后称"被判刑人"，执行时称"被执行人"，判决生效后才可称"罪犯"。

五、新闻传播与著作权

除了时事新闻，新闻媒体上发布的各类新闻作品均具有独创性，受《中华人民共和国著作权法》（简称《著作权法》）保护。

（一）著作权的各项权利

1．人身权

人身权包括以下四种。

（1）发表权：作者有权选择是否公开其创作。作品首次公之于众即为发表，每件作品仅有一次发表机会，发表权也仅有一次行使机会。一旦作品提交新闻媒体发表，媒体即可使用该作品。无论广播电台还是电视台，播放他人未公开作品，无论完整播放还是作为节目内容之一，均需获得著作权人许可并支付报酬。

（2）署名权：作者有权表明身份并在作品上署名。作家可用真名、笔名或不署名。无相反证据时，在作品上署名的人即为作者。法人或其他组织享有著作权的作品，其署名权归法人或其他组织，单位可选择仅使用单位名称或同时署创作人员姓名。是否署责任编辑或专版专栏编辑，由新闻媒体决定。在电子网络背景下，署名权渐演变为"权利管理信息"概念。权利管理信息包括识别作品及其作者、权利拥有者信息及作品使用条件信息，这些信息须在作品每件复制品或向公众传播时呈现。未经许可不得删除或更改这些信息，否则侵犯作者署名权。

（3）修改权：赋予作者修改其作品或授权他人进行修改的权益。作家享有修改自己作品的权益，可以拒绝不满意的修改建议，并有权禁止他人在未经许可的情况下修改其创作。报纸杂志虽然有明确的宣传策略和实用的编辑方法，但出版发行受时间和版面限制。如果某些文章需要修改才能发表，此时再与作者商讨可能时间会不足。尽管在这种情况下，报纸杂志编辑修改稿件时也仅能对文字进行调整，不得改变作者立场、作品核心内容和精神，更不得因修改损害作者声誉。

（4）保护作品完整权：维护作品不受歪曲或篡改的权益。作品反映作者创作思维和观点，维护作品完整性即保护作者在思想和精神活动上的自由和决定权。保护作品完整权与修改权的区别在于，即使作者同意他人修改、改编、翻译等演绎，修改、演绎后的作品仍不得歪曲或篡改作者原意。编辑对提交稿件的编辑修改、添加他人署名或合并几篇文章并署多名为合作项目，在我国新闻媒介编辑部中，个别编辑常随意删除或修改稿件，损害内容完整性，随意添加观点甚至将稿件修改的面目全非，连作者都无法识别。这些行为侵犯作者著作权，包括署名权、修改权和保护作品完整权，是被禁止的。编辑完全有权反对作者观点，可选择不采纳错误作品，要求作者修改文章中明显错误观点。但绝不能私自将认为正确观点添加他人作品，更不可在他人作品中添加自己的内容后再署名。编辑对他人作品进行较大修改时，须与作者协商，明确是否修改、由谁修改及如何修改应由作者决定。

2. 财产权

著作权中的财产权又称经济权利，包括但不限于复制权、发行权、出租权、展览权、表演权、放映权、广播权、信息网络传播权、摄制权、改编权、汇编权及其他应由著作权人享有的权利。行使这些权利的行为称为"使用"。著作权人既可授权他人行使这些权益，也可选择部分或全部转让，任何许可使用或转移均应根据协议或相关条款获得相应报酬。对于自己创作的作品，著作权人既可自主使用，也可授权他人使用。首先，著作权人在使用自己作品时不受他人干涉；其次，他人想使用著作权人作品时，须获得著作权人正式授权；最后，著作权人有权禁止未经授权者使用其作品。

（二）著作权各项权利的利用

1. 著作权的使用许可

允许他人使用可分为专有许可使用和非专有许可使用。在允许他人使用的情况下，可以通过合同达成协议。除非法律有特别规定，若书面合同中未明确给予专有使用权，或未签订书面合同，那么使用者只能获得非专有使用权，口头专有许可无效。

当报纸或杂志发表他人作品时，须获得作者授权，通常无需与作者签订书面合同或其他书面许可，因此，报刊社所获作品使用权非专有。报刊社稿件多来源于投稿和约稿。投稿实际为默认授权。若被约稿者同意为约稿报刊社撰写文章，自然代表对约稿者使用许可。若报刊社欲获独家使用权，须与作者专门签订书面合同，并在报纸或杂志声明。

2. 著作权的转让

转让涉及部分或全部著作财产权转移。无论是非专有使用许可还是专有使用许可，皆不代表著作权转移。著作权转让目标是部分或全部著作财产权，转让结果是，若受让人在法律上成为部分或全部著作财产权所有者，原作者即失去部分或全部著作财产权。使用许可目标仅是行使著作财产权，并不意味财产所有权转移。获使用许可者非著作财产权所有者，作品财产权仍属作者。例如，即使获专有使用许可，使用者仍不可将作品授权第三方，须得原作者许可并支付相应报酬。转让作品受让者有权自主将作品授权他人行使该权利，并可进一步转移该权利。

（三）时事新闻的权益保护

1. 时事新闻的权益属性

根据我国《著作权法》条款，时事新闻虽不在著作权法保护范围内，但并不意味其完全不受任何形式保护。信息视为宝贵资源，经人类处理后，变为宝贵资产。时事新闻非纯粹智力产出，虽作者和传播者不能获著作权，但由于付出努力和代价，应在一般意义上享财产权。

在处理时事新闻采集和编辑过程中，作者和媒体投入大量人力、技术和财力，此付出应得充分认可和尊重。事实上，当时事新闻被媒体发布后，这些媒体通常会给新闻作者某种形式报酬，此视为财产权，在我国新闻行业中，此权利称信息产权。然而，时事新闻产权与著作权中产权有区别，新闻采写者只能得一次报酬，著作权人在作品发布后每次再使用中均有权获报酬。

2. 关于时事新闻权益的法律与道德规范

根据《互联网新闻信息服务管理规定》，互联网新闻信息服务单位在转载新闻时，须与新闻单位签署书面协议。这反映了对新闻机构权利某种形式的维护，这些权益不仅涵盖《著作权法》保护的新闻作品著作权，还包括不在《著作权法》保护范围内的时事新闻财产权。

《中国新闻界网络媒体公约》明确指出，各参与公约单位应高度重视彼此间信息和知识产权，并敦促全社会尊重网上这些权利，坚定反对和抵制任何相关侵权行为；各公约单位有权在其官网引用其他公约单位网站新闻和资料，但须明确标注来源，并提供对方报纸链接；对不在公约范围内其他网站，如需引述公约单位资料，须获相应授权并承担相应费用，使用时需标明来源或创建链接。

随着电脑和互联网广泛应用及网络媒体影响力增强，维护和保障传统媒体，特别是时事新闻财产权，变得尤为关键。

（四）著作权的合理使用

依据《著作权法》及《信息网络传播权保护条例》相关条款，使用者在特定范围内可在未获著作权人许可情况下，不支付任何报酬，出于合法目的使用他人作品，此行为称"合理使用"。在新闻传播过程中，以下情况视作合理使用：

第一，为报道时事新闻，报纸、期刊、广播电台、电视台及网络等媒体难免展示或引述已发布文章。"难免"指新闻报道中难免内容，例如广播报道音乐会播放的音乐旋律、电视报道画展出现某些画面。

第二，报纸、期刊、广播电台、电视台及网络等多媒体平台会发布或播出其他报纸、期刊、广播电台及电视台等已发布的关于政治、经济和宗教议题的时事文章，除非作者明确表示不允许发布或播放。这三种时事文章受《著作权法》保护。但为更好传播新闻信息，这些文章视作合理使用一部分。在合理使用情况下，作者著作权仍得真正保护和尊重，这与时事新闻不受《著作权法》保护情况截然不同。

第三，报纸、期刊、广播电台、电视台及网络等多媒体皆可在公众集会上发布或播放讲话，但若作者明确表示不允许发布或播放，则例外。所谓公众集会，通常指公众能自由进出场合，含政治性集会，但不涵盖学术活动或学术演讲。新闻媒体在公众集会上发布讲话时，须先获发言者明确同意。若演讲者之前明确表示不允许发布，则不被允许发布。

（五）著作权的法定许可使用

依据《著作权法》和《信息网络传播权保护条例》相关条款，使用者有权在未获作者许可情况下使用作品，但须付给作者相应稿酬，此行为称"法定许可使用"。在新闻传播过程中，以下视作"法定许可使用"情形：

第一，新闻作品发布后，除非著作权人明确表示不允许转载或摘编，其他报纸和杂志均可转载或作摘要、资料发布，但须按相关规定付给著作权人相应报酬。此处新闻作品指除涉及政治、经济和宗教议题时事报道外其他新闻内容。

第二，广播电台和电视台播放他人已发表作品时，可在无著作权人许可情况下进行，但须付相应报酬。此处播放内容含单独完整展示他人已发布作品，及在另一完整节目或作品中完整或部分展示他人已发布创作。

第三，已发布于报纸或网络作品，除非著作权人明确声明或网络服务提供者在著作权人委托下声明不得转载或摘编，网站转载、摘编并按规定付相应报酬、明确来源行为，不构成侵权。此条款确保网站和报纸在法律授权上享有平等地位，允报纸和杂志间互转和摘编作品。如今，网站也加入行列，成报纸、杂志和网站间互转和摘编平台。

六、特殊新闻和信息的发布

（一）重要政务新闻的统一发布制度

所谓的重要政务新闻，包括执政党和国家领导机构的关键决策、主要会议、关键文件，以及相关领导人的主要公务活动等内容。在这种类型的新闻报道中，有一种类型是包含正式文档或文件的，需通过公告方式发布；还有一种类型，虽无正式文件记录，但仍需一个被视为权威的官方文件，即公告性新闻。关键的政务新闻内容涵盖了党和政府的主要决策和裁定；关键的文档；重大会议的最新消息；中央领导层的关键行动；在与外国宾客的会晤和对话中，中央领导发表涉及国内外关键议题的言论；关键的人事变动；包括领导人的去世在内。新华社负责统一发布重要的政务新闻。

（二）有关党和国家主要领导人作品的发表前审查制度

党和国家的核心领导包括：现任或曾任中共中央政治局常委、国家主席和副主席、全国人大常委会委员长、国务院总理、全国政协主席，以及中央军委主席。关于党和国家主要领导人的作品，包括描述、叙述或涉及上述人物工作和生活情况的图书、报纸文章、音像制品、电影、电视作品，当然也包括新闻报道和其他新闻作品。在发布或出版这类作品时，必须严格遵守送审规定。无论是发布还是出版涉及健在的党和国家主要领导人的作品，还是报道他们的活动或发表他们的言论，都必须得到本人同意。

（三）证券信息和新闻发布制度

1. 证券市场信息披露制度

证券市场的信息公开实施了一系列制度，包括重大信息和文件的限时发布、临时重大事件的报告、重要文件的审查和验证，以及内幕信息的不提前泄露。这些制度主要针对上市公司、发行债券的公司、中介机构及其高层管理人员和其他相关业务人员，但新闻机构和新闻从业者也受其约束。通常情况下，只要企业愿公开其经济状况并进行新闻报道，便无问题。然而，上市公司的财务报表和其他相关文件还需经过严格审查和验证。若这些报表中的数据未经审查就被公开报道，一旦审查结果不一致，可能会给投资者带来不利影响。因此，在获公开许可前，按规定需审查文件中的相关信息视为内部消息，知情人士不应以任何形式向公众透露。关于突然出现的重要信息和内部消息，通常都具很高的新闻价值。即便新闻媒体提前得知这些信息，若未得中国证监会许可，也不能提前报道。

2. 证券新闻传播管理制度

严禁散播虚假或不真实的证券消息和资讯。通常情况下，新闻的不准确报道可能给被报道的人带来不利影响或损失，但证券新闻的不准确则可能误导整个市场，从而损害投资者利益。证券信息须全面展现报道对象的多个方面，既关注成果也关注缺点，既考虑盈利也考虑风险，既关注未来趋势也关注可能出现的问题，否则即现重大遗漏，这无疑会导致信息误导。当新闻媒体发布关于证券和期货市场的信息时，必须确保信息的真实性、准确性、完整性和充分性，不能随意断章取义，以防止产生严重误解。在发布证券新闻时，不应偏颇地进行诱导，应确保各种观点间的均衡。新闻媒体应深入探讨市场涨跌的各种驱动因素，并适当采用版面设计平衡这些因素，使读者能从中选择最合适的内容。当新闻媒体发布股票评论信息时，须同时发布两种或更多不同观点，并确保这些信息不会产生误导；若存观点完全相反或完全不同的股票评论，应在同一专栏中同时发布。

3. 刊播证券信息的新闻媒介的限制

新闻媒体在发布和传播证券信息时也存一定局限性。相关规定明确了可发布证券和期货信息的新闻媒体范围：获公开发行许可的证券和期货专业报纸，获公开发行许可的综合和经济类报纸，各新闻机构，以及经正式批准的广播电台、电视台和有线电视台。想在综合性报刊上发布证券期货的专刊、专版或投资咨询文章，须得新闻出版总署的正式批准。

4. 撰写投资建议文章作者的限制

关于证券市场的文章，特别是那些专注投资分析、预测和提供投资建议的文章，对投资者决策产生直接影响，关乎广大投资者权益。因此，这些文章纳入投资咨询活动范围。按国家相关法律和行政法规，只有持特定资格并获授权的人员才能在大众传媒上发布投资咨询文章或意见，属特定职务活动。当报纸或杂志发布此类文章时，须仔细检查作者是否拥有投资咨询专业资格。若作者无法提供相关证明文件，其稿件不得发表。发布时，作者真实姓名和其所在投资咨询机构名称都须明确标注。广播电台和电视台在聘个人任证券和期货节目主持人，并发布与投资咨询相关内容时，也需进行相应资格审核。

（四）气象预报统一发布制度

所有级别的广播电台、电视台及省级人民政府指定的报纸，均应为其分配特定播放时段或版面，确保每日播报或发布公共气象预测或灾害性天气警告。广播和电视播出单位更改气象预报节目播出时间安排时，须先获相关气象台站批准；对于可能对国家经济和人民生活产生巨大影响的灾害性天气警告及需补充或修正的气象预报，应据实增播或插播。无论广播、电视、报纸或电信等媒体，向公众传递气象预报和灾害性天气警报时，均须依赖气象主管机构旗下气象台站提供的即时气象数据，并明确标注发布时间和站点名称。

（五）汛情信息发布制度

新闻媒体有责及时发布防洪信息，这些信息来源须由政府防洪部门提供，且未经许可不得报道非政府部门正式发布的消息。同时，政府防洪部门亦有责及时向媒体发布洪水情况相关信息。

（六）传染病疫情发布制度

卫生管理部门有责及时并真实报告和发布疫情信息，任何组织或个人未经官方许可，不得公开、发布或引述未公开的传染病疫情。新闻传媒有责根据政府卫生部门发布的疫情信息进行报道，禁止发布未经卫生行政部门批准或授权的疫情新闻，同时，政府卫生部门亦应认真执行法定的信息公开责任。

（七）核事故信息发布制度

核事故应急响应阶段，省级人民政府指定的相关部门有责及时向当地民众传达必要信息。核事故的新闻报道由新华社统一发布，与核事故应急救援相关的信息由国务院卫生行政部门统一发布。

（八）地震预报发布制度

新闻媒体发布或传播地震预测信息时，应以国务院或各省、自治区、直辖市人民政府发布的地震预测为准确依据。新闻媒体应据实报道与地震相关的信息。在发布地震的短期和临震预测前，必须获得国家或省级地震管理部门批准。新闻媒体接收到与地震相关的民间异常信息时，应与当地政府和地震相关部门沟通，而非提前报道。地震发生后，新闻媒体应从政府和地震相关部门获取可信信息进行全面报道。面对关于地震的不实消息，新闻媒体应与地震相关部门紧密合作，主动辟谣。

第三节　新闻写作

从宏观角度观察，人类所有写作活动都具有一定相似性，但各行业写作活动亦有独特性，正如各行业工作皆具独特特点。新闻报道的叙述方式和写作标准由其独特写作风格决定。这不仅是新闻报道的独特展现方式，也是记者在写作中应遵守的核心原则。

一、新闻报道的叙事形态

形态描述的是事物在特定环境中的呈现方式。新闻报道的叙述方式多样，如再融入多媒体部分，其内容将更丰富。从基础结构看，新闻报道叙述可分为两大类：终结性和再现性。

与叙述方式相关的，是新闻报道追求的功能方向。简言之，新闻报道两大核心功能：一是迅速呈现最新事实进展，二是深度挖掘事实背后的真实情况和发展脉络。因功能方向差异，叙述方式亦有所不同。

（一）叙事形态：终结式与再现式

终结式叙事主要强调结果，再现式叙事主要强调事实过程的真实再现。新闻报道领域，新闻文体常采用终结式叙述，通信特写文体则更倾向于再现式叙述。

新闻报道选择的叙述方式，很大程度上基于报道新闻事实所展现的内容方向。新闻事实涵盖几个核心元素：事件发生的原因、方式和结果。这些元素中，哪一个具最高新闻价值，将直接影响报道的内容方向。报道者会根据认为最具新闻价值的元素确定报道核心内容；明确报道核心后，便自然选择合适叙述方式。若希望迅速向读者解释发生什么，应采用快速报道特点的终结性叙述方式；若希望深入报道事件过程或背后原因，应采用易于再现的叙述方式描述过程发展。大部分情况下，新闻报道内容方向由新闻事实内在价值决定，但有时也受外部因素影响。

终结式叙述因其主要关注报道成果，事实进展往往被忽略。在终结式叙事中，突出核心思想和简化复杂性是其显著特点，这也解释了为何新闻写作中篇幅被特别强调为简短。以撰写简短新闻闻名的记者分享经验："一篇文章，只讨论一件事。若一次采访涉及两方面内容，写成两篇文章，而非遵循'一次采访，一篇报道'格式。若涉及几个相关问题，可整合成系列报道。这样，每篇文章长度就会减小。"

再现式叙事描述了事件整个过程，事件进展的因果关系是报道的核心内容。尤其是对事实真相从表面到深层的深度分析，及对事物变化规律从个体到普遍、从感性到理性的全面掌握，都是终结式叙事所不能达到。

终结式叙述核心在于捕捉事实核心和读者最关注的内容，这要求记者具备出色总结和提炼技巧。

（二）功能取向：速度与深度

简而言之，新闻报道核心功能可分为两大类：速度和深度。速度导向主要为迅速报道事实中最新变动；深度取向主要功能是深入探讨事物变化全过程，并挖掘影响事物进展的各种内部和外部因素。

新闻报道的功能方向亦会对报道叙述方式产生影响。终结性叙述方式非常符合"少拉快跑"功能导向。本书仅要求读者迅速了解事实最新变化，而不深入探讨变化起因和背后原因，亦不深究其因果关系。这种情况可用四个"最"字形容：用最简洁文字，最直接方式，将最关键信息，最快速度传达给观众。采用再现式叙述方式，更符合"多拉慢跑"功能导向。迅速新闻报道已非其主要追求，它旨在深入挖掘他人尚未注意到的内容，展现更多新闻背后的故事。

新闻报道的功能方向由新闻事实信息质量和数量决定。

从质量角度看，新闻事实信息大致可分为两大类：一类是事物最新发展和变化的信息，其传播价值受时效性影响，在新闻实践中，通常被称为"易碎品"。例，有句话说"新闻不存在 24 小时生命"或"今日新闻如黄金，未来新闻如沙粒"，皆描述其"脆弱性"。还有一种信息是关于事件起因和变化，或事物发展前因后果，这些信息完整性和深度是衡量其传播价值的重要标准，在新闻实践中，这种信息常被称为"耐用品"。若终结式叙事报道追求的是时间"快速性"，一旦时间流逝，即变成"易碎品"，那再现式叙事报道能以深度为基础，即便时间过去，也能让人深思和回味，成为新闻作品中"耐用品"。

从数量角度看，正如前述，"少拉"报道主要目的是告诉读者"发生了什么"，其他信息则尽量避免；首先是"多载"，努力深挖新闻背后信息，因它包含大量信息。那些擅长迅速报道事实的媒体机构，往往更倾向采用终结性叙述方式；对于时效性不强的媒体，他们更倾向进行深度报道。

在实际操作中，某些报道在速度和深度上做到平衡，并在叙述方式上，融合了终结式和再现式两种叙事手法。

二、新闻报道的写作要求

新闻报道是关于最近发生的事情。因此，新闻报道的首要任务是准确地报道事实。然而，报道此事为何不涉及彼事？鉴于此事具有新闻报道的重要性，新闻撰写时应强调事实所蕴含的新闻意义，这是新闻报道的第二大核心内容。新闻报道的核心是对事实的呈现，因此，如何处理报道者的观点和倾向成为新闻报道的第三个核心议题。三点共同形成新闻撰写的核心准则。

（一）叙事准确清楚

新闻撰写的首要任务是确保事实的描述既准确又清晰。新闻的叙述方式与文学的叙述有所区别，它描述的是真实的人和事件，因此必须清晰并准确地呈现事实的当前状态和真实情况。新闻的真实性要求决定了叙事的准确性和清晰性。无论采用哪种叙述方式，在写作过程中都应遵守以下几个原则。

1. 新闻要素写法

"新闻要素"的概念最初由美联社的总编辑梅尔维尔·E.斯通所提出。我们可以将主要的因素总结为"五个核心要素"，它们分别是：人物（Who）、时间（When）、地点（Where）、事件（What）和原因（Why），这五个要素统称为五个 W。随着广播和电视等媒体的兴起，公众期望报纸和通信社能对事实的起因和经过进行更为深入的报道。美国新闻学专家麦格杜戈尔进一步提出了新闻的第六个核心元素 How，即"如何"，并据此构建了由五个 W 和一个 H 组成的"新闻六要素"。

关于新闻要素如何影响新闻报道的叙述方式，延安的《解放日报》在其专文《从五个 W 说起》中明确地阐述了这一点。这篇文章一开始便明确指出："新闻报道必须具备五个 W（When——时间、Where——地点、Who——人物、

What——事件、Why——为什么），这就像一个人的头和脸必须拥有耳朵、眼睛、嘴巴和鼻子一样，如果缺失了其中一个元素，就会失去其原有的形态。"新闻报道中的这些元素，在实质上与我们熟悉的记叙文的五大要素是一致的，这也突显了它们在事实描述上的重要性。因此，如果记者想要清晰地叙述，他们首先需要亲自核实事实的核心内容。还存在一种状况，那就是记者虽然自己已经明确了新闻的各个要素，但在写作过程中常常会遗忘将其呈现出来。因此，作为记者，强烈的受众意识是至关重要的，最佳做法是站在读者的角度思考，思考是否应该将读者尚未了解但应当掌握的信息记录下来。

2. 可疑信息应使用实证材料

存在多种具备实证性质的材料。在《新闻采访方法论》这本书里，根据材料的来源和传播状况，对新闻采访的内容进行了分类，并深入探讨了各种材料的实证特性，为读者提供了宝贵的思考。直接从事实处获得的资料，即记者在不经过任何中间环节的情况下直接获得的，这包括了记者的直接观察和实物证据。常言道，听觉是虚假的，视觉是真实的，第一手的信息是最有说服力的。在第二手资料中，记者从当事人处获取的信息，为记者和事实之间添加了一个桥梁——当事人。当然，这种资料也是有确凿证据的，但最佳做法是采访更多的人，并利用他们的介绍来建立相互验证的证据。尽管双方的观点可能存在冲突，但仍需真实地传达给读者，不应轻易相信其中的任何一句话。第三手和第四手所提供的材料在实证性方面表现不佳，因此应努力增加更多的物证证据。

3. 准确描述事物状态

新闻的叙述方式与文学作品的叙述有所区别，后者更注重"生动性"，因此在叙述中经常采用夸张和变形的修辞技巧。像"白发三千丈"这种描述方式，在文学创作中是可以接受的，并且经常受到人们的喜爱和讨论。然而，新闻写作的核心目标是追求"准确性"，采用夸张等手法可能会损害新闻的真实性。新闻报道需要准确地描述事物的当前状况，避免空洞和套话。

（二）凸显新闻价值

新闻创作需要突出其内在价值，这是由新闻本质所决定的。新闻报道的是最近发生的事件，但并非所有最近发生的事件都具有报道的价值。因此，新闻的价值已成为选择事实的关键参考。新闻的写作不仅突出了事实的新闻意义，也是证明这篇报道真实性的基础，同时也是吸引读者关注的关键因素。

如何把事实的新闻价值凸显出来？可以从以下几个方面去尝试。

1. 多方面提升新闻事实价值

当新闻报道者面对某个事实时，他们首先需要有一个明确的认识：这个事实在新闻中的价值究竟体现在何处？如何最大限度地发挥其价值？

有许多方法可以最大化新闻的价值，这里简要列举其中的关键点：

首先，选择合适的角度是至关重要的。一个出色的报道视角，不仅可以充分展现事实的新闻重要性，同时也不会给人一种过于牵强的印象。许多记者都有这样的感受：一个好的视角就像暗室中的一束明亮的光线，有了它，房间里的家具就会闪闪发光。

其次，我们应该更加重视事实在新闻中的价值。为了增强事实在新闻中的价值，我们通常采用前置策略和重写方法。所谓的前置法，就是把它置于一个显眼的地方。通常情况下，硬新闻的撰写方式就是这样。硬新闻通常会采用直截了当的方式，把最具新闻价值的元素放在前面。软新闻为了使读者更深入地理解事实的重要性，愿意投入更多的文字和使用更多的渲染技巧。重写手法，也就是用浓重的色彩进行描述，在常规的通信中被频繁采用。

2. 背景材料彰显新闻价值

有些事实的新闻价值，读者一看就明白。如"嫦娥四号"探测器升空，其价值不言而喻。而有些事实的价值则需要适当地借助背景材料来说明。

（三）巧妙表述观点

"报道"可以被视为一种特定的行为，而这种行为的背后往往伴随着特定的驱动因素。在胡乔木的文章《人人要学会写新闻》中，他指出："尽管我们经常发表具体的观点，但新闻更像是一种抽象的看法。从文字角度看，说话者只需客观、真实和简洁地描述他所观察和听到的事情。但由于每一次的叙述都是基于特定的观点，读者很可能会接受这些观点。"当记者进行新闻事实的报道时，他实际上承担着双重职责：一方面，他需要将某一事件明确地传达给观众；另一方面，既然是新闻报道，那么记者的选择和他们的观点都是有根据的。尽管新闻报道强调客观性，但它并不排除记者在报道内容中隐含的思想和观点，关键在于如何将这两者有机地融合在一起。

1. 用事实来"说话"

对于新闻从业者而言，用真实的事实来表达观点并不是什么新鲜事，有些媒体甚至将此作为他们的核心理念。这里所说的"说话"，其实是指在新闻报道中必须反映出记者的立场或看法。然而，我们都清楚，新闻报道在强调客观性的同时，也要求将观点与实际情况进行区分。这意味着新闻报道者的观点和倾向应当体现在对事实的选择和描述上，而不是直接、特别地进行阐述。事实的存在是客观的，并不受个人意愿的影响。事实具有极高的说服力，并展示了强大的逻辑推理能力。新闻报道的客观性是建立在对事实进行真实报道的基础之上的。

这意味着记者需要擅长挑选事实。某些事实实际上是不可避免的，它们揭示了事物的真实性质；然而，某些事实仅仅是特定时间和地点的孤立现象，并没有与事物的本质产生必然的联系。新闻记者的核心能力在于筛选出那些最能真实反映事物核心的事实。

2. 用组合材料来"说话"

在新闻报道里，大部分相关的事实都是通过背景资料来呈现的。这批材料在新闻报道中的价值主要体现在两个方面：首先是助力读者更好地理解新闻内容；其次作者通过这种方式来表达自己的偏好。正如之前所提及的，利用背景资料来阐述事实的重要性，归属于前者；需要在这里提到的，是后者。用于表达作者思维倾向的背景资料主要分为两种：一种是对比性的，另一种是提示性的。通过对比材料，人们可以从事实的对照中洞察新闻事实的深意，同时，作者的情感和态度也被纳入了这种对比之中。通过将历史故事与当下的事实进行比较，我们可以更好地理解新闻事实的重要性，并深入地展现历史的沧桑变迁。新闻记者的喜悦之情深藏在文字之中，这一点是不言自明的。

虽然使用提示性的材料来表达的观点并不像对比性材料那样具有明确的褒贬意味，但读者还是可以从事物之间的各种联系中，感知到作者的观点和态度。

第五章　应对：融媒体时代新闻传播的发展

第一节　融媒时代新闻传播的时代价值与事业发展

目前，整合各种媒介的优点、以一种"全能型"媒介的形式来进行新闻生产的努力已现端倪，并正在越来越广泛、越来越深刻地影响着新闻实践，使新闻传播有了一定的新发展。

一、新闻价值的内涵

（一）新闻价值的概念

基于价值观念的原始定义，并从实际存在的外部事物与满足人们需求之间的联系来解读，我们可以为新闻价值提供以下定义：新闻价值是为了满足受众对客观现实变化的认知需求的一种特质。在探讨新闻价值这一概念时，我们需要从两个方面去理解。首先，新闻价值是一个在传播过程中出现的概念，它描述的是新闻这一对象与受众之间的相互关系，而不是事实与受众之间的关系。只有当事实被媒体报道并转化为新闻时，它才能被观众所察觉，并与他们建立联系。其次，新闻的价值主要体现在满足观众对客观现实变化的认知需求上。新闻的价值并不仅仅是新闻所能带来的各种价值的集合，它更多地是为了满足观众对客观现实变化的认知需求。

（二）新闻价值的要素

新闻价值这一概念是在新闻传播的实际操作中逐渐形成的，但关于它具体包括哪些组成部分，学界至今还没有达成统一看法。目前，最受欢迎的观点是"五要素"理论——即重要性、时效性、接近性、显著性和趣味性。

1. 重要性

新闻的重要性体现在它对人们的个人利益和社会生活产生的显著影响上。评估一则新闻的重要性，主要可以从两个维度来看：首先，新闻事件对人类社会带来的利益，关系越紧密，其重要性就越高；其次，新闻事件对社会生活产生的影响程度，其影响的深度越大，其重要性也就越高。

2. 时效性

时效性意味着新闻报道需要在时间维度上保持其新颖性：一方面，事实内容必须是最新的；另一方面，新闻报道的时效性也是不可或缺的。从新闻传播的角度分析，新闻的新颖性主要是通过报道的时效性来体现的。新闻从业者应当努力以最快的节奏报道事实，当报道时间与事实发生时间的间隔缩小时，新闻的新鲜度和新闻的价值都能得到更为深入的展现。因此，我们可以把新闻的时效性称作"及时性"。

3. 接近性

接近性是指新闻与受众在空间距离或者心理距离上的接近程度，距离越近，就越有新闻价值。

4. 显著性

新闻中的人物、地点和事件的显著性指的是它们的突出性或知名度，突出的人物、地点和事件往往具有更高的新闻价值。

5. 趣味性

趣味性描述的是新闻所具备的有趣、戏剧化和充满人情味的特质。通常，社会新闻、奇闻趣事、人物命运、感人事迹等，主要是通过趣味性来吸引人们的注意。新闻的价值往往与其趣味性的突出程度成正比。

在新闻价值的五个核心要素中，时效性是最基础的条件。只有当新闻具有时效性时，我们才能去思考其重要性、接近性、显著性，以及趣味性。

（三）新闻价值取向的多样性

新闻价值判断的相对性揭示了一个事实：在新闻传播的过程中，新闻记者总是在特定的社会历史背景下，根据当前的社会现实和意识形态，根据他们服务的媒体和该媒体的受众需求来进行新闻价值的判断，从而做出新闻的选择和取舍。因此，在新闻价值评估的取向方面，不可避免地展示出多元化的特质。要真正理解新闻的价值取向的多元性，最有效的方法是深入研究历史上的新闻价值观。在中外的新闻传播历史中，有几种主要的新闻价值观吸引了广泛的关注。

1. 反常论

从反常论的角度来看，只有那些离奇、异常或失去常态的新闻才能被认为是优质的，这样才能引起读者的兴趣，并应当被广泛报道。这一新闻价值观是在资产阶级大众化报纸的发展历程中逐渐形成的一种价值导向。

在美国，一些学者持有这样的观点：新闻主要关注那些超出常规或出乎预料的事件，这是一个经过时间验证并始终被坚守的基本准则。从这一点可以看出，反常论的新闻观念在西方不仅深受人们的喜爱，同时也一直是资产阶级商业报纸的一种价值导向。

2. 新闻有利论或正面宣传论

我国的报纸和杂志始终以马克思主义作为其指导思想，并以服务人民为核心目标，始终强调新闻报道应对人民和社会主义都是有益的。它的新闻价值观的中心思想是强调新闻的有利性。在我们的新闻报道中，不可能也没有必要涵盖每一个人和每一件事，我们只能按照特定的目标和原则来进行报道。人民新闻学遵循的核心原则是以广大人民的利益为基础，对于有利益的人应多加报道，而对有利益的人则应少报道，对于没有利益或甚至有害的人则应避免报道，这与"有闻必录"的观点是相违背的。

强调新闻报道的有利性意味着宣传者更加关注宣传的目的和效果，这也意味着他们将教育和引导公众放在了最重要的位置。新闻报道致力于将群众的兴趣和精神导向一个更符合群众自身利益的方向，目标是通过我们的报道活动不断提升群众的洞察力，而不是仅仅维持在某一水平或甚至降低。

新闻价值观，无论是新闻有利论还是正面宣传论，都是一种将新闻的宣传价值与新闻价值紧密结合的价值导向。从一方面看，新闻的价值是实现宣传价值的基石；从另一个方面看，新闻的价值受到宣传价值的限制和主导。

（四）新闻价值判断的相对性

1. 新闻价值判断的主观性与相对性

从更深层次来看，新闻价值的判断实际上是一种对新闻是否能满足以及在何种程度上能适应受众对客观现实变化的认知需求的主观评估。因此，对新闻的价值评估往往带有浓厚的主观色彩。

在评估新闻的价值时，虽然作为理论上的抽象价值元素具有一定的稳定性，但这些价值元素的具体含义是相对的，并且是在不断地变化中。实际上，每一个价值成分都是一个可以相对调整的变量。导致新闻价值评估相对性的因素主要分为两大类：首先，新闻传播所处的社会和历史背景对新闻价值的评估产生了巨大的限制；其次，在新闻的传播中，由于媒体的多样性和受众的特定需求，新闻的价值评估受到了明显的限制。媒体的多样性涵盖了以下几个方面的含义。

首先，各种不同类型的媒体。报纸、广播、电视和网络等多种媒体形式，由于采用了不同的传播技术手段，因此其新闻价值的判断也会相应地发生改变。

其次，各种不同的媒体角色定位。由于受众的需求，新闻的价值评估变得相对重要。首先要明确的是，不同的受众群体有着各自不同的新闻需求。再者，当相同的受众处于不同的环境中时，他们的新闻需求也会有所不同。

最后，各种不同的媒体特性。在西方，我们可以看到高级报纸和通俗报纸的区别，而在我国，我们可以看到党报、晚报和都市报的区别。无论是国内还是国外，综合性报纸和专业性报纸都存在明显的区别，这导致了这些不同性质的媒体在新闻价值的判断上经常有很大的不同。

2. 新闻传播过程中的新闻价值判断

尽管新闻的价值是客观存在的，但在新闻价值的引导之下，各个媒体发布的新闻内容却存在明显的差异。因此，有必要引入一个与新闻价值紧密相连但又有本质差异的新概念，即新闻价值判断。在新闻的传播过程中，价值主体对新闻是否具有新闻价值以及新闻价值的大小的判断，即是新闻价值的判断。

只有当新闻工作者已经完成了新闻报道并在媒体上进行了发布，受众才能对新闻的价值进行评估，这种评估仅在受众阅读、收听或观看新闻报道时才能产生。因此，新闻从业者在进行新闻报道时，必须对新闻的价值进行准确的评估，这样才能充分满足受众对新闻的需求。

新闻从业者对新闻的价值进行的评估实际上是一种预见性的判断。每一天都有新生和变化的事实不断涌现，其数量是无穷无尽的。新闻从业者在进行报道之前，不能首先征询受众的看法，他们需要对大量新闻的价值进行快速评估，并据此进行报道。

在新闻传播的过程中，有两种不同的新闻价值评估方式：一是新闻从业者对新闻价值的预测性评价，二是受众对新闻价值的评价性评价。一些学者将预测性评价称作"初级新闻价值评价"，而将评价性评价称作"终极新闻价值评价"，两者统称为"二级评价模式"。需要特别强调的是，初步的评估为新闻的价值实现创造了机会，而最终的评估则是对新闻价值的存在和数量的终极确认，它是判断新闻传播者提供的信息是否能够真正实现的关键标准。

从新闻的核心价值出发，这种强调绝对是恰当的，它对于指导新闻从业者更加重视公众对新闻传播的反馈，并持续优化新闻传播策略具有深远的实际影响。然而，新闻的价值评估必须基于预测性的判断来进行。如果缺乏精确的预测能力，那么新闻的真正价值也就无法实现。从这个角度来看，新闻价值的预测性评估才是最基础的，缺乏这一基础，评价性评估便会变得毫无实际意义。在新闻传播的全过程中，虽然受众的角色极为关键，甚至可以说是核心，但真正起到决定性作用的仍然是新闻从业人员。新闻从业者对新闻价值的预见性评估的准确性，直接影响到新闻价值是否能够得以实现，以及新闻传播活动的成功与否。

二、融媒时代新闻价值的挖掘与实现

（一）融媒时代新闻实效性价值的挖掘与实现

新闻的时效性被视为其价值的核心，而新闻之所以珍贵，是因为它具有独特的"新颖性"。从传统媒体的时代开始，直到新闻的诞生之日，追求时效性始终是新闻从业者经常会做的事情。在新闻媒体的选题、审稿和报道过程中，时效性被视为最核心的评价标准。随着融合媒体时代的到来，新闻报道已经从最初的单一纸质平面报道和几种几乎独立于其他媒体形式的报道，逐渐演变为内容丰富、形式多样、体系完善和内在联系逐渐优化的综合性报道。

融合报道为新闻的生成方式带来了新的可能性，这不仅为新闻产品带来了更高的时效性挑战，同时也为新闻报道提供了更强的时效性可能性。

1. 新闻工作者加速获取一手信息

在融媒时代，新闻工作者不再仅仅是在传统意义上"等待电话"的角色。随着新媒体平台的逐步建立，依赖体力来争取时间的做法也逐步减少。在跨媒体背景下，广泛的信息渠道建设和受众的更高自主性使得新闻工作者的工作积极性得到了进一步的增强。在多媒体融合的时代背景下，新闻从业者得到了几乎全面的信息激励。这部分是因为在当前的社会传播环境中，信息的传播特性，而另一部分则是由他们个人在社交媒体上推送的信息。这种方式避免了事件发生后由于信息流通不畅而无法及时传达给记者的情况，同时也让记者无需亲自去核实，从而有效地提高了新闻信息获取过程的时效性。更具体地说，在融媒时代，融合报道所带来的时效性提升主要体现在以下两个关键领域。

（1）获取的信息充当新闻素材

记者可以直接将收集到的信息融入自己的新闻报道中，这不仅使得现有的报道方式更为完善，还能保持其内在的逻辑连贯性。最重要的是，这样可以节省记者亲自参与报道的宝贵时间，因为这些信息本身就是非常有价值的资源。

素材可以定义为基于自媒体或其他媒体已对某一事件或新闻进行过深入调查和整合的详尽信息，或者是融合媒体中已经生成的与其报道主题有关的多媒体资料。这实际上是新闻工作者利用更广泛的新媒体信息平台，完成了"到不能到之地，历不能历之事"的任务，获取第一手的素材资料，并将其应用到自己的融合报道中，然后通过形式丰富的跨媒体报道展现出来，即信息在新媒体之间的有效转移。通常情况下，第一个得知突发事件信息的通常是现场的人，而不是任何新闻机构。新闻从业者可以借助这一优势，在新媒体平台上，分享当事人提供的信息资源，并将这些资源应用于新闻报道。通过这种方式，我们可以节省更多的时间，并对现有的素材进行更为高效的优化组合，从而使新闻报道的形式更加丰富和多样，并能更深入地进行后续报道，从而显著提升新闻报道的时效性。

（2）相对高效地获得新闻话题

新闻工作者还可以通过舆论观察获得话题，即新闻的由头。记者在获取有效由头后，进而组织展开采访。

在传统报道环境下，记者获取新闻由头的渠道相对单一，信息由头在传播到记者那里途中经历的时间也相对较长，信息辗转、丢失较多，清晰度降低，许多记者在获取报道主题后仍不能清楚地开展工作，准确进行有效行动又是再下一步的事了。

而融媒时代的融合报道具有明显的不同。这些通过新媒体手段获取的信息源头使后续的报道拥有更明确的指向性和目标感，报道效率得以提高，借助新媒体平台本身完成对信息源头的确定和拓展也同样提高了新闻的时效性。

2. 融合报道环境下的新闻加工环节与时效性

受众看到的新闻产品，以前是一份黑白报纸或一档电视节目，而现在则是一个融合了视频、图片、文字、超链接、用户体验等众多形式的多媒体新闻平台。从新闻工作者那里获取到相对零散、罗列状的信息，到以这些信息为基准加工成为具有一定产品性和推广性的新闻，其间存在一个复杂的过程。相较于传统媒体时代，融合报道除了在获取信息、寻找规律主题、提炼信息之外，改以往单向输出的最终模式，不仅在最终加工的成品形式上是多向度组合的，甚至连获取的信息也都是多媒体化的。更多形式的信息组合带来了更大的时效性挑战，对新闻加工环节提出了更高要求。同时，以往的传统纸媒让文字记者承受着最大的压力，文字作为主力军充当了大多数信息的出口。而现在的视频、图片、文字等众多"出口"并驾齐驱，迎合了用户对一种直观与深度并存的新闻报道的需求。融合报道由于这种加工重心的分散，减轻了某些高压"出口"的压力，均衡了各种形式的输出，在一个融合报道团队里，单位时间里将生产出更丰富、更全面的新闻产品，新闻时效性在这个意义上得以提高。对于新闻加工环节的时效性问题，我们将其分为个人跨媒体加工和团队跨媒体加工两类情况进行讨论。

（1）个人跨媒体加工的时效问题

个人跨媒体加工的融合报道新闻要求一个新闻工作者承担起采访、整合图片、文字、视频，甚至更多技术平台的新闻报道任务。西方新闻媒介里的融合新闻在个体层面的标志是那些掌握了多种媒介技能的全能记者，这些人在美国还有"背包记者"等多种称号，他们掌握了全面的多媒体技能，能够为多种不同媒体提供新闻作品。

（2）团队跨媒体加工的时效问题

一般意义上讲，在追求新闻时效性的过程中，团队跨媒体加工无疑具有更大的优势。相比一个人要完成众多形式的融合报道，一个团队分工协作可以在单位时间里完成好几幅作品。与个人跨媒体中对于时效性阶段性的追求不同，团队跨媒体加工往往是先做出各种形式的报道再整合发布，这是团队跨媒体加工分工化有效利用时间的最好体现。

3. 信息发布加速新闻完善

"反馈"一直是媒体机构十分重视，却由于传统报道里种种客观条件缺乏而始终未能得到有效开展的一个环节。可以说，受众希望反馈自己接收信息后产生的想法，媒体也希望获得受众的有效反馈进而改善报道，但在传统报道里，新闻产品发布的平台（报纸、电视、广播等）往往与受众反馈的平台脱离，受众只能观看报纸、电视上的新闻，却不知道怎样对媒体机构或新闻事件本身进行有效评论、反馈。于是，更多的反馈变成了自言自语、茶余饭后的闲扯唠叨，或小范围的浅谈辄止。有效的反馈不能作用于后续新闻的推进上，也不能到达信息发布者那里，许多有价值的、将会推动事件新闻进一步发展的反馈要么干脆就无法传递，要么就是需要繁杂的程序才能到达。

反馈环节的弱化，导致传统报道中呈现出单线型的报道模式，从发布者到受众，新闻报道承载信息在单向传递中完成了使命。融合报道背景下，受众的反馈环节得到空前加强，反馈的意义已不在于对新闻的细枝末节的补充和"画上句号"，而是更加直接地作用于事件新闻本身，成为双向传播逆向的"起点"，往往在反馈中产生有价值的新线索，在反馈中深入了报道，甚至在反馈中开启了新的报道。

关键是，这种有效反馈以更加迅捷的速度得以呈现，它携带的信息也更具时效性地得以传递。作为融合新闻报道的日趋重要的一个环节，它的及时化无疑带动了新闻报道整体时效性的提高。

4. 新闻产品提速即时传播

传统纸媒具有相对固定的发行时间要求，今天发生的事情，见报就得等到明天。许多突发事件和重要事件，即便我们在当时听说了或者经历了，需要得到这个事件全貌性的报道，也必须等待明天的报纸。在这一点上，电视媒体虽然比传统纸媒做得稍好，但碍于新闻节目录制的需要，新闻信息的传播往往也是等待严格无误的节目录制审核完成之后才能发布。也就是说，传统报道的弹性不高，事件发生后并不能立刻就通过报纸、电视进行发布。

融媒时代融合报道的诞生和发展赋予信息传播一种新的可能。基于更快、更新的传播技术平台，加之受众自主性的提高，受众与媒体拥有了更全面的互动，甚至受众自己也充当着传播源，信息的传播呈现即时化的状态。很少有新闻再需要"被等待"，融合新闻的传播过程进一步提高了时效性。

（二）融媒时代新闻显著性价值的挖掘与实现

融合媒体环境对"新闻显著性价值"的改变，首先体现在显著性外延的扩展上。简而言之，融合媒体环境所带来的新的社交平台及广泛应用的自媒体工具，拓宽了名人报道的渠道。这种拓宽不仅体现在原有的机构媒体能更便捷、更多方位地报道名人新闻，还体现在名人有了私人化的发声渠道，能随时随地进行"自我报道"。融合媒体环境使传统的新闻显著性有了更多的实现空间和呈现形式，显著性的外延被大大拓展。

1. 名人报道发生变化

新闻更重视"名人的声音"，在新兴的社交媒体中有非常明显的体现。新闻的显著性价值在融合媒体环境中的变化，不仅仅体现在机构媒体层面。自媒体这种具有革命性意义的传播工具，开始成为名人拥有的私人"独立发声器"。微博、SNS网站等自媒体平台，相对于通过传统媒体发表言论，有着更多的优势。独立、便捷、低成本、实时性、全时性和与粉丝之间强大的交互性等一系列特点，都让自媒体成为名人的新宠。在新媒体环境中，各类社交网络平台的出现，使得名人获得了一个既能有效扩大影响力又能保有极大自主性的发声渠道。能够发布文字、图片、视频等各种形式信息的自媒体，一定程度上增强了名人的舆论"独立性"，减少了对媒体机构的依赖，拥有了更多样化的新闻曝光渠道。

首先，自媒体不只是名人的"专利"。名人中本来就包括一些知名的记者、编辑、主持人、评论家。也就是说，传媒人本身也可以借助自媒体等新兴传播媒介来扩大舆论影响力。

其次，名人使用个人化媒体，除了名人自身炒作、宣传自身的影响外，对于专业媒体机构来讲，这也是一个获取有分量的新闻源头的渠道。许多媒体工作者沉浸在社交媒体里关注名人动态，敏锐捕捉他们身边的新闻。名人身份加之其自我炒作的需要，也就决定了新闻的显著性价值。

名人在使用社交媒体的同时，其实也为传媒机构和新闻人提供了很多联系名人并与之进行互动交流的新渠道。很多新闻事实和资讯，其实就可以直接从名人的日常微博中发现，或是通过微博对名人进行采访，又或者从名人的微博直接获取其观点。

名人自媒体对于新闻媒体而言，其实有着巨大的创新空间。截至目前，不少基于名人自媒体的新闻报道新形式已经开始涌现。譬如，越来越多的报纸、杂志开始增加"微博言论"或类似的板块，用以摘录最近微博平台上很多名人、专家对社会问题、新闻事件的解读。

2. 草根新闻的价值挖掘

在这样一个融合媒体环境的新时期，传统新闻价值中显著性的内涵发生了微妙的变化，它不再局限于当事人的知名度和显赫性。草根身上的故事，不管是本身反常、新奇，还是折射时代焦点，都可能产生巨大的新闻传播能量。同时，并不知名的普通民众，随时有可能通过自媒体等方式，瞬间成为显著性很高的新闻人物。

草根新闻的产生发展是由两方面趋势共同推动的：一是需求层面，即人们对草根新闻的认同和需求的增长；二是生产层面，即媒体加大报道和草根们自产新闻能力的获得。一方面，草根新闻虽然是草根的新闻，但却往往折射、反映出时代的共同课题、民众的普遍关切。也就是说，新闻事件的当事人虽然不"显著"，事件本身也可能很微小，但这位当事人遇到的人生境遇却是大家普遍关注的，"小事件"本身反映着时代的"大格局"。"以小见大"赋予了草根新闻独特的传播价值。另一方面，草根文化在思想解放、意识革命、科技进步、市场经济发展的时代背景下获得了很好的发酵土壤，也改变了"新闻是名人（特别是政治家、领导人）的新闻"这一传统观念。互联网等因素促成的信息爆炸和非权威信息的增多，让人们接受并习惯一些"去名人化"的新闻。从心理学角度看，比之名人新闻，受众看这类新闻会更有心理上的接近性，对大众而言，草根新闻具有独特的亲和力。

再加上 UGC 时代的到来和公民记者的出现，让草根拥有了自我发声的能力。具有拍照、拍视频和上网等功能的手机的普及，让一大批人都拥有了报道自己和身边事件的可能。微博、SNS 等社交媒体用户的增加，则提供这类草根新闻爆炸式传播的具体途径。当然，传统门户网站、视频共享网站等也是发布草根新闻的有效平台。在草根新闻的生产大军中，还出现了传统媒体的身影。由于报道理念的革新，报纸杂志也开始更多地报道普通个体的新闻。

可以说，目前草根新闻的生产量是空前的。

面对这些变化，新闻工作者似乎已经不能再仅仅重视传统的名人、权威、专家的采访报道，还需要挖掘"平凡人的故事"，采用"微内容，大格局"的报道方法，深度展示社会真相。另外，今天的新闻工作者还需要重视那些出身草根的舆论领袖的动态和观点，因为他们往往也有很强的传播能力。专业的记者和传媒机构甚至可以尝试与草根合作，实现优势互补。

（三）融媒时代新闻接近性价值的挖掘与实现

新闻的接近性作为新闻价值评判的标准之一，标示着新闻报道和受众的距离。和读者关联更加密切的新闻报道将受到更多的关注，进而具有更高的新闻价值。新闻工作者要努力做的，就是要拉近自身与受众之间的距离。

1. 融合报道开辟个人化新闻

（1）融合报道基于新媒体互动背景产生定制化新闻信息

定制化新闻成为融媒时代的一大新闻发展潮流。定制化新闻最大限度地被受众的灵感带动，受众想看什么就选择什么，那么其主动选择的内容一定是与受众自身的心理活动有密切关联的。

定制化新闻的"定制"更多是技术层面上的依赖，基于互联网传播的关键词搜索使其成为可能，这与依托于互联网动力的融合报道产生了紧密的关联。

（2）融合报道基于社交媒体提供私人化的内容

融媒时代，受众的关注点在新媒体环境下超越了地域的束缚，并不是离得越近就一定引人注意，相对更虚拟的人际关系网越来越成为新的关注范围。加之现代人物理空间移动的迅捷化，于是更多的媒体将重心放在了相对固定的人际关系空间上，以获取和受众的某种亲近感。

基于社交网络的新闻报道很大程度上适应了这个趋势。由于大多数的社交媒体都是融合信息的发布平台，融合各种形式的信息可以直接在平台上发布传播。

顺应受众社交媒体化的趋势，专业的媒体机构也在有意识地向这方面靠拢。同样基于互联网的融合报道越来越多地投入社交媒体中去。

2. 地域网络融合报道提升受众地域接近性

（1）LBS 等新技术使地域化新闻的定位更精准

LBS 是基于对用户移动位置的确定之后，动用信息平台为用户提供相应服务的增值服务。这项服务的两个关键步骤是：第一，锁定用户的位置；第二，提供相应位置范围内的信息和服务。可以说，LBS 是新媒体环境下融合报道地域接近性的内在驱动力，其存在机制使得新媒体报道的地域接近性有了新的运作模式。简言之，传统新闻报道能企及的地域接近性往往是固定的、同质化的、基础的，而 LBS 则赋予报道一种移动的、异质化的、多层次的接近可能。作为受众，重要的不是你在哪里，而是你是谁。

融合报道提供的思路在于，在移动的地球村里，我们只是从一个村落到了另一个村落，我们渴望认知，融合报道让更多的信息来拥抱我们，我们并不孤独，而是被人关注，这无异于提醒着我们自己的主人公角色。

这种情况下，手机地图应运而生。手机成为受众的同位体，我们到哪都随身带有手机。手机的这个特性，使其被开发成为有效的移动终端，也是 LBS 移动性的最佳载体。当我们的位置被检索到后，手机地图提供给我们的是周边涵盖各门类的信息，以及实时发生的新闻报道——按照融合报道的思路来讲，这并不是简单的当地新闻，而是一种交集。换作是另外的人，就会推送有不同性质的当地新闻。一方面是媒体主动权的回归，受众"被关注并被服务"比自己去摸索新环境更易建立亲近感；另一方面是融合报道克服的技术难题让地域接近性的效果大大提高，它不仅定位了"我"的位置，还定位了"我"的生活背景，提供了"我"内心需要但在意料之外的新闻。

（2）地域网络汇聚整合报道素材

地域化综合网站是门户网站发展过程中的分支产物，它随着门户网络的发展而逐渐发展成具有相同生存空间，持有相同生活话题的人群的虚拟社区。它的用户多是相应地区的居民，由于地理距离的接近和文化背景等因素的相似使得网站信息相对"综合"，可以涉及上至科教文卫下至柴米油盐的信息，也能够更加及时地反映出一些问题。

地域化综合网站也为融合报道所关注，其每天生产出的大量信息成为融合报道筛选的素材库。媒体工作者利用地域化综合网站，在长期使用中能够较为清晰地把握一个地区的人群的价值取向和阅读兴趣，也能够获取更具有接近性的报道话题——这是一个良性循环，媒体工作者获取的是民众披露的热点话题，对这些话题的报道思路又贴近当地民众的价值观和兴趣，从始至终都与该地区的受众具有地域上、心理上的接近性。

融合报道能做的是近一点，再近一点，与地域门户网站的互动合作是深入接近的驱动力。新闻工作者需要保持适当的敏感度，对自己报道的地域接近性标准做更高的要求。

三、融媒时代新闻事业发展的新趋向

融媒时代，新闻事业的发展将表现出以下几大趋势。

（一）从以传播者为中心走向以受众为中心

融媒时代，新闻事业将从以传播者为中心进行运作转向以受众为中心进行运作。具体来看，从以传播者为中心到以受众为中心主要包含以下三层含义。

1. 传播者角色的转化

新媒体的出现在很大程度上推动了新闻事业从计划经济向市场经济的转变。在这种社会大背景下，新闻媒介的强制化、权威化的特点逐渐减弱，服务特点逐渐加强。受这种大氛围的影响，曾经在计划经济时期以"组织者""宣传者""政府机构的分支"等角色自居的新闻传播者的角色也会发生转变，即从"发号施令"者向服务者转化。

2. 受众角色的转化

作为新闻传播的对应物，受众是新闻信息的接受者。在新媒体出现之前，各类新闻事业单位纷纷将受众当作随时会被信息"魔弹"击中的靶心，以传播者为中心选择不同的信息传递给受众。受众（这里的受众真正意义不是指受众个体，而是指接受订报计划的单位或者被组织读报的群体）无法自如选择。而在新媒体出现后，新闻信息是一种商品的这种观念逐渐深入人心，受众可以根据自己所需选择不同的新闻信息。在这种情况下，受众理所当然地被新闻媒介看作新闻信息的"消费者"，享有"消费"的各项权利，受众的角色也发生了转化。

3. 媒介风格的转化

随着新媒体的快速发展，为适应市场的需求，不少媒体在从以传播者为中心向以受众为中心转变的过程中，作为衔接传播者与受众的媒介新闻信息，随着传播者与受众的角色转化，其风格也发生了深刻的变化。具体来看，传统的新闻媒介大多是以宣传的面孔出现的，因而具有很强的宣传意味。而当其以受众为中心转变时，媒介就会为受众提供多种信息服务，其中不仅有严肃的政治新闻，也有娱乐、消遣等多方面的内容，而这一转变也会在很大程度上刺激新闻媒介形成多元化的风格。

（二）从人治走向法治

融媒时代，新闻事业的制度架构将从人治走向法治，这是新闻事业发展的要求。具体来看，新闻事业从人治走向法治需要经历以下2个步骤。

1. 建立新闻法

在新媒体环境下，建立新闻法是新闻事业发展的内在需求。针对我国新闻事业立法真空的问题，要实现新闻事业的法治需要建立新闻法。而这一认知随着新闻事业的发展越来越显得迫切。

2. 提升大众权利

建立新闻法只能从制度和秩序上对新闻事业进行规范，新闻事业的法治还需要进一步提升大众权利。提升大众权利是新闻事业发展必须承担的社会责任，如保证受众的知晓权、新闻从业者的舆论监督权、新闻自由等。在发展新闻事业的同时，只有维护大众的这些权利，才能体现真正的法治思想。有鉴于此，未来的新闻事业的法治化还包括大众权利从重义务轻权利向权利义务并重的转变。

（三）新闻媒体从单一媒体走向媒介融合

融媒时代，传统的单一的媒体联合或兼并已经不再适应市场的需求。因此近年来，几乎所有的新闻媒体都在向多媒体方向发展，而在这一发展过程中，省（市）级别以上的媒体基本上都是"报纸＋网络"或"广播电视＋网络"的模式。而在地（市）一级，报纸、广播、电视、网络正在逐步联合、兼并。据此可以推测，未来新闻媒体在运作上将由单一媒体向媒介融合发展。

（四）新闻理论将纳入大众传播学的相关内容

融媒时代，随着经济体制的转轨和大众传播媒介作为独特的经济力量迅速崛起，新闻学面临的问题也越来越多、越来越复杂，而大众传播学的相关理论研究对新闻学的研究具有一定的参考借鉴价值，因此新闻学的发展与借鉴大众传播学的要求愈来愈紧迫。这两门学科的转化、整合，是新闻实践的呼唤，是一个总体的趋势。

（五）从雅俗共赏发展为雅俗分赏

融媒时代，为吸引受众，更多的新闻事业将会以受众的兴趣作为重点，而这也会推动新闻事业从雅俗共赏向雅俗分赏发展。具体来看，新闻事业从雅俗共赏向雅俗分赏的发展包括两项内涵，其一是因受众兴趣的不同，新闻事业的受众从大众化向小众化方向发展；其二是因受众兴趣的不同，新闻媒介从单一性向多元性过渡。

（六）从相对自由竞争向垄断竞争过渡

融媒时代，在未来的数年内，更多的新闻事业单位将会涌现，他们一方面会摆脱以往小规模、相对较自由的竞争状态，另一方面也会开启兼并浪潮。而这种发展趋势从实质上来看就是新闻事业在竞争上将会从相对自由竞争走向垄断竞争。

1. 从相对自由竞争向垄断竞争过渡的具体表现

从相对自由竞争向垄断竞争过渡的具体表现包括以下几方面。

第一，新闻传播事业的产业化发展，即新闻传播事业开始以集团的形式出现，大规模地传播信息，集中获取市场广告份额，盘活资本存量进行多项投资。

第二，部分新闻传播事业开始进行跨地区兼并，从而打破了新闻媒介传统的条块设置的格局，使新闻成为流通的商品，报纸可以跨地区发行销售。

第三，为应对多种新媒体的威胁，各类传统新闻传播媒体开始进行同行业的集中和兼并，从而促使了行业联合现象的出现，这种模式在很大程度上增强了传统新闻传播媒体的竞争力。

第四，部分具有经济实力的新闻事业单位开始进行跨行业联合，以应对激烈的市场竞争。

2. 从相对自由竞争向垄断竞争过渡对现实的影响

新闻事业从相对自由竞争走向垄断竞争使新闻媒介从松散走向了集中，对新闻事业产生了重要影响。

第一，垄断竞争的出现有助于新闻媒介以其雄厚的实力走向世界，并有效地和国外媒体展开竞争。我国在加入 WTO 之后，与国外各项事业的接触越来越密切。仅就新闻事业而言，随着"中国 WTO 保护期"的即将结束，越来越多的国外新闻事业单位涌入中国，与中国的新闻事业竞争。因此，可以预见中国媒介参与国际竞争已势在必行。而垄断竞争的出现有助于我国优秀的新闻媒介联合起来，以雄厚的实力与国外媒介竞争。

第二，垄断竞争的出现有利于媒介从无序竞争逐步走向有序竞争。在相对自由竞争的格局下，新闻媒介竞争一般是过度竞争、恶性竞争、无序竞争，这种"滥""散"的媒介结构致使新闻事业内部定指标、搞奖惩；新闻事业外部则拉关系、送版面、给回扣，有些已到不择手段的地步。而在垄断竞争格局下，新闻事业集团的出现使得新闻受众市场被划分成一些较稳定、固定的区域，有利于建立较为规范的市场竞争。

第三，垄断竞争的出现对媒介结构产生了巨大的影响。在新媒体环境下，原本存在的新闻媒介重复建设现象成为新闻事业发展的拦路虎，它不仅占据了整个媒体生存空间，而且也不利于新闻传播效果的提升。而在垄断竞争格局下，新闻媒介为了不断向前发展，会采取吸收、兼并小的新闻媒介，以壮大自身力量的做法，这使得新闻事业领域的新闻传播集团大量衍生，从而对新闻媒介的结构产生影响。

第二节　融媒时代新闻传播的发展策略与变革

一、融媒时代新闻传媒的变革

随着电子报刊、手机广播、网络电视等新媒体成为人们获取信息的主要方式，传统媒体受到了很大的冲击。为了获得发展，传统媒体必须进行变革，与新媒体相互融合，共同推动新闻传播工作的顺利开展。

（一）传统媒体的调整与变革

在融媒时代，网络和手机等数字化新媒体快速发展，并在与传统媒体的融合过程中，逐渐挤压了传统媒体的生存空间。不仅平面媒体，传统的广播电视媒体也面临着巨大的生存压力。面对媒体融合的大趋势，传统媒体应从以下几个方面进行调整和变革。

1. 重新进行角色定位

媒体融合在很大程度上是传统媒体与新媒体之间相互博弈的过程。尽管新媒体在市场份额等方面对传统媒体造成了很大的冲击，甚至大幅缩减了传统媒体的生存空间，但新媒体并不会完全取代传统媒体，传统媒体也不会自行消亡。面对媒体融合背景下新媒体的挑战，传统媒体首先要做的是在新的媒介生态环境中重新进行角色定位。

媒体融合推动了整个媒介生态环境的大变革。在传统媒体时代，报刊、广播电视等传统媒体几乎垄断了整个媒介受众市场。由于信息来源的垄断性和内容资源的有限性，传统媒体可以轻松地进行"点对面"的大众传播，而无需过多考虑受众的个性化需求。然而，在新媒体时代，用户不仅可以通过互联网和手机等新媒体免费获取传统媒体上的大量信息资源，还可以与媒介或其他用户进行信息互动。随着新媒体的广泛应用并不断向传统媒体渗透，传统媒体所构建的媒介生态逐渐被新媒体主导的媒介生态所取代。

尽管在新的媒介生态环境中，新媒体具有较强的竞争力，但不容忽视的是，传统媒体仍具有许多新媒体所不具备的核心优势。具体表现在以下两点：

第一，传统媒体拥有多年来积累的稳定的受众群体。这部分受众不会随着媒体融合的深入而轻易转向其他媒介，因此可以成为传统媒体重点经营的市场。面对媒体融合，传统媒体应在新媒介生态环境中重新找到属于自己的受众定位，然后才能进行精准的角色定位和内容生产。

第二，传统媒体具备高质量的内容资源。在媒体融合的背景下，无论是传统媒体还是新媒体，都需要高质量的内容产品。尽管传统媒体在信息资源丰富性方面可能不及新媒体，但其内容资源在权威性、制作水准、原创性等方面却具有新媒体无法比拟的优势。如果传统媒体能够借助这一内容优势进行战略调整，势必会取得新的突破。

2. 主动融入新媒体

在融媒时代，新旧媒体呈现出不断融合的趋势，而在这一过程中，新媒体占据主导地位。正因如此，传统媒体必须主动向新媒体渗透和融合，才能避免被新媒体取代的命运。面对新媒体的冲击，越来越多的传统媒体也意识到这一点，开始向新媒体渗透。例如，在报业领域，不断开拓网络版。传统报纸还利用手机媒体创办手机报，也为报纸媒体找到了一条盈利新路。在广播电视领域，广播电视的数字化让传统广电业获得了新生，数字电视、IPTV成为传统电视发展的新方向。此外，传统电视也在向网络媒体和手机媒体渗透，网络电视和手机电视为传统电视提供了广阔的传播平台。

传统媒体向新媒体渗透和融合是媒体融合的必然要求，传统媒体也可以通过融入新媒体获得更大的发展空间。然而，传统媒体在向新媒体融合的过程中面临着诸多问题，为解决这些问题，传统媒体应做到以下几点。

第一，传统媒体在融入新媒体的过程中，必须以传统媒体本体为立足点。传统媒体主动融入新媒体，并不是用新媒体取代传统媒体，而是要借助新媒体的终端平台实现传统媒体的再发展。也就是说，传统媒体无论怎样数字化和网络化，都要以本体的发展为基础，否则就是舍本逐末。

第二，传统媒体融入新媒体，应充分结合新媒体的传播特点，而不是对传统媒体的照搬照抄。例如，许多传统报纸的网络版，就是把每期的纸质版报纸原封不动地搬到网站上，这样不仅不能对纸质报纸起到任何促动效果，反而可能会由于网络版报纸的免费性和便利性损失纸质报纸的读者。

第三，传统媒体融入新媒体，不应仅仅停留在借用终端和平台等产业表层，而应注重产业链各环节的互补和联动。例如，目前传统报纸融入新媒体，多是借助网络、手机等新媒体终端，注重的是新媒体的平台优势和渠道优势，而忽略了新媒体的海量信息资源优势。如果传统媒体充分利用新媒体的这一内容资源，并结合自身强大的信息内容整合和编辑能力，必然能为自身创造更多高质量的内容产品。

3. 进行产业链重组

媒体融合在改变了整个媒介生态环境的同时，也改变了传统媒体在媒介生态中的地位和作用。从某种意义上说，在融媒时代，整个信息传播体系是一个整体、一个系统。在这一信息生产和传播系统中，媒体融合让各种媒介成为整个信息传播产业链上的一环，无论是传统媒体还是新媒体，都有其相应的产业链地位和角色。

对于传统媒体来说，尽快地找到适合自己的产业链角色并进行产业链升级重组，是其能否在媒体融合的大环境中持续发展的关键。由于高品质的内容资源是传统媒体的核心竞争优势，因此，传统媒体有必要以内容生产为核心进行产业链重组，建立以内容产品为基础的业务体系。当然，传统媒体在进行产业链调整时，除了要以内容生产为核心，还必须注重与其他产业链环节的配合，尤其是应注重与新媒体渠道运营商和平台运营商的联动。

（二）新媒体的发展战略

在融媒时代，人们往往关注新媒体对传统媒体的冲击，却忽视了新媒体在媒体融合进程中所面临的问题。新媒体在发展变革中，同样需要选择适合自身的发展战略。具体来说，新媒体的发展战略主要包括以下几点。

1. 渠道制胜

在媒体融合的时代背景下，传统媒体与新媒体相互作用，共同塑造了新的媒介生态环境。这推动了新旧媒体对自身在媒介生态中的定位与功能的重新思考。无论是传统媒体还是新媒体，都需要根据自身的特性进行明确定位。自新媒体诞生以来，它在整个信息传播产业链中主要承担了渠道运营商的角色。网络媒体、手机媒体，乃至移动车载电视、户外电视等，它们能够在激烈的媒介竞争中脱颖而出，很大程度上得益于由新媒体技术所带来的渠道资源优势。

随着媒体融合的深化和技术条件的成熟，新媒体依托数字技术和网络技术构建的各种数字化信息传播平台与互动载体，能够高效地汇总分类海量信息，并为用户提供便捷的信息传播"入口"。这不仅有效解决了信息爆炸时代的信息过载问题，提升了信息传播效果，还为新媒体产业带来了庞大的用户群体和广阔的市场空间。因此，从这个角度来看，新媒体在媒体融合背景下进行角色定位时，必须紧紧抓住其固有的渠道优势，这是新媒体保持核心竞争力的关键。

需要强调的是，新媒体利用渠道资源优势，并非旨在进行渠道垄断，而是要借助新媒体传播渠道拓展经营模式，获取更多的产业资源。同时，新媒体还需持续进行技术创新，开发更多、更具优势的渠道资源。

2. 内容为王

尽管新媒体的天然优势在于渠道而非内容，但在媒体融合的大背景下，随着媒体边界的逐渐消融和多样化媒介终端与传播平台的不断涌现，渠道数量和选择将日益丰富，"内容为王"依然是一个不可或缺的竞争要素。因此，新媒体的未来发展不仅需要继续巩固和扩大"渠道"优势，更应在内容生产上寻求新的突破。

围绕内容产业进行盈利模式创新，可以以新兴媒介形态为切入点。一种新的媒介形态的出现，无论其传递何种信息内容，这种媒介本身都会引发人类社会生活和社会结构的变化。在媒体融合的背景下，基于网络、手机等平台的新兴媒介形态层出不穷，它们本身就携带着丰富的信息内容，从而改变了媒介生态环境。对于我国新媒体产业运营主体而言，关键在于加强技术创新，推动新兴媒介形态的持续涌现，为进一步发展新的内容服务模式奠定坚实基础。

同时，新媒体产业在围绕内容产业进行盈利模式创新时，也必须重视对现有媒介形态的内容服务进行改造和创新。在未来新媒体产业中，"内容为王"的趋势将愈发明显，内容创意上的收入有望占据整个新媒体产业链产值的一半以上。因此，提升新媒体内容产品的创意和创新水平，无疑将成为新媒体产业在创新运营模式时需要重点加强的环节。

3. 用户为本

"用户为本"强调的是在媒体融合背景下，新媒体产业应更加注重用户体验，以用户为中心进行产业链的改造和升级。

与传统媒体不同的是，新媒体具有交互性的特点。交互性是新媒体生产环节与消费环节的互动和交融，是新媒体与用户之间的信息交互；在新媒体产业中，用户早已不再仅仅是信息内容的被动接收者，而是成为了信息内容的创造者。任何新媒体用户都能够通过使用新媒体制作、发布信息，都有可能成为话题的焦点和舆论的发起者。新媒体的这种特性使得用户逐渐成为新媒体产业链的中心环节，新媒体产业链的其他环节只有围绕用户进行内容生产和广告发布，才能最终顺利实现产品的价值增值。

总体来看，我国新媒体产业链目前基本以运营商为中心，形成了一种生产导向型的产业链结构体系。运营商在新媒体产业链中处于垄断和核心地位，用户尽管也受到重视，但地位仍不突出。因此，要想创新产业发展模式，就必须改变这种不合理的产业链结构，形成以用户为中心的消费导向型产业链体系。

4. 分工协作

在媒体融合和产业融合的推动下，集团化是新媒体产业机构模式的发展方向。新媒体产业在未来发展中应以集团化为宏观导向，强调各组织机构的分工协作。

建设新媒体产业基地可以说是推动新媒体产业机构集团化发展的有效对策。新媒体产业在生产关系上具有融合性和渗透性，这造成了新媒体产业链的集群化特征。由于目前我国的新媒体产业正处于起步阶段，产业链中投入—产出的生产联系往往不能在自然的市场竞争中表现出来，新媒体产业的集群化特征也就不能转化为资源配置优势；因此，需要通过建立新媒体产业基地，将新媒体产业链各运营主体聚集到同一地区，从而用地域集群带动产业集群，实现资源的优化配置。

（三）新闻传媒变革中的规制建设

融媒时代，在新闻传媒的变革中应加强规制建设，以保障新闻传播工作的健康持续发展。具体应做到以下几点。

1. "放松"与"约束"结合

在媒体融合的大背景下，放松管制是传媒规制发展的必然要求。放松管制是为了放开竞争，顺应媒体融合的市场发展规律。然而，媒体融合背景下的放松管制并非毫无区分地放宽规制，新的媒介生态环境更需科学、合理、有针对性的法律法规予以监督、规范和引导。放松管制旨在为媒体融合创造宽松的发展空间，但如果仅是放松管制而不对媒体融合后的媒介环境进行约束和监督，势必引发媒体失范问题。因此，在媒体融合的背景下，应做到放松管制与加强约束相结合。

2. 与现实传播格局充分互动

实践表明，传媒规制的放松能够促进媒体融合，而媒体融合的实践也能影响传媒规制。对于传媒政策的制定者而言，传媒规制需与媒体融合实践和现实传播格局充分互动。唯有如此，传媒规制才能既顺应媒体融合的发展趋势、推动媒体融合进程，又能在最大程度上发挥监督、规范媒体融合的作用。

政策规制是一个与现实传播格局对应并经过互动而不断演化的系统。不同的传播格局需要不同的规制体系。在媒体融合之前，媒介生态环境或传播格局是各媒介实体相互独立、相互分割的，相应的媒介规制也是建立在这样的传播格局之上。由技术创新和市场对利润最大化的追逐所推动的媒体融合，一方面，改变了既有的传播格局，并反作用于传媒规制；另一方面，媒体融合实践本身亦给传媒规制带来压力，使得规制革新势在必行。

3. 传媒规制要有预见性和先导性

在融媒时代，媒体环境和传媒格局瞬息万变，因此对媒体环境起规范、监督和指导作用的传媒规制也不应固化，而应兼具现实指导功能及对未来媒介发展的预见性和先导性。这就要求传媒规制的制定者在制定政策时准确研究媒体融合所带来的传播格局变化情况，同时也要对未来传媒发展方向具有相当的判断力和洞察力。

二、融媒体时代新闻传播教育的变革

融媒体时代，各种媒体的相互影响推动了整个传媒格局的变化，这使得新闻传播教育面临新的挑战。为了更好地适应时代发展需要，新闻传播教育应实现全方位的变革，培养出科技基础知识扎实、实践技能全面和具有开放性视野的人才。

（一）新闻传播教育变革的必要性

在信息时代，随着计算机网络技术的普及应用，以及传统媒体与新媒体的不断融合，新闻传播内容与传播形式发生了显著变化，进而对新闻工作者的知识结构和素质能力提出了更高要求。概括而言，在融媒时代背景下，新闻传播专业人才应具备以下两点特质：第一，在技能上是复合应用型人才；第二，在思想上是创新型人才。

（二）新闻传播教育变革的路径

为应对新闻传播教育面临的新挑战，实现新闻传播教育的变革，应从以下几点出发。

1. 构建科学的新闻传播教育理念

新闻传播教育在正式进入大学时的教学理念与目标旨在培养人才的批判性思辨能力、解决问题的能力和管理能力。无论社会如何发展，教育的本义从未改变。即使新闻传播教育的内容、模式将随着业态发展不断更新，但传播对于社会的意义仍一直延续。媒体融合不仅要求技术的掌握，还要求在推进媒体人才能力融合的基础上带动新闻传播教育的融合，形成科学性、人文性、综合性和专业性的统一。

2. 找准定位与特色

新闻传播教育的开展应根据自身不同情况，结合人才市场需求，制定出独具特色的培养方案，扬长避短，与其他高校新闻院系实行差异化定位。

3. 加强队伍建设

新闻传播教育的发展变革依赖于专业的师资队伍建设。师资队伍的建设要做到结构合理，一个院系的师资应包括来自不同专业、不同学校乃至不同国籍的学者，这样有利于促进学科的交叉。此外，专业师资中还要有一定数量的具有媒体从业经历的业界精英，这对于业务课程教学的开展是十分有利的。

参考文献

［1］高晓虹. 中国新闻传播研究：新闻传播教育［M］. 北京：中国传媒大学出版社，2024.

［2］周庆山. 传播学基础教程［M］. 北京：北京大学出版社，2024.

［3］赵振宇. 新闻传播与管理科学方法四论［M］. 北京：社会科学文献出版社，2024.

［4］王粲. 融媒体时代新闻写作模式研究［M］. 北京：地震出版社，2023.

［5］强月新，王敏. 新闻阅评：地方主流媒体如何讲好中国故事［M］. 武汉：武汉大学出版社，2023.

［6］高晓虹. 中国新闻传播研究：新闻传播学自主知识体系建设［M］. 北京：中国传媒大学出版社，2023.

［7］周颖. 亚洲主张：全球传播背景下的亚洲传播理论研究［M］. 上海：复旦大学出版社，2022.

［8］薛可. 互联网群体传播：理论、机制与实证研究［M］. 上海：上海交通大学出版社，2022.

［9］廖俊玉. 融合新闻理论与实务［M］. 北京：中国书籍出版社，2022.

［10］丁法章. 当代新闻评论教程［M］. 上海：复旦大学出版社，2022.

［11］邓元兵. 传播学研究方法［M］. 北京：中国传媒大学出版社，2022.

［12］崔保国，杭敏. 传媒发展与经济传播研究前沿［M］. 北京：中国社会科学出版社，2022.

[13] 陈俊妮，徐智，等. 传播学基础词条 [M]. 北京：人民日报出版社，2022.

[14] 吴世文，单波总. 网事绵延：社会记忆视角下的中国互联网历史新闻传播学：问题与方法论丛 [M]. 北京：中国社会科学出版社，2022.

[15] 高晓虹. 中国新闻传播研究：数字技术的媒介应用研究 [M]. 北京：中国传媒大学出版社，2021.

[16] 林玉佳，魏武. 认识视觉修辞：理论、方法与实践 [M]. 北京：中国传媒大学出版社，2021.

[17] 薛文婷. 新中国体育新闻传播发展研究 [M]. 开封：河南大学出版社，2021.

[18] 幸念. 媒体建构社会共识的理论研究 [M]. 长春：吉林大学出版社，2021.

[19] 车南林，欧阳宏生，李立. 理论与路径：中国媒体国际合作研究 [M]. 成都：四川大学出版社，2021.

[20] 周勇，赵璇. 跨屏时代的视听传播 [M]. 北京：中国人民大学出版社，2021.

[21] 贾祥敏. 新媒体舆情论：理论与方法 [M]. 北京：科学出版社，2021.

[22] 朱婧雯. 电视新闻评论：从本体到跨媒介的话语功能考察 [M]. 成都：四川大学出版社，2020.

[23] 丁和根，喻国明，崔保国. 传媒经济与管理研究：传播政治经济学专辑 [M]. 南京：南京大学出版社，2020.

[24] 胡百精，郭庆光，蔡雯. 新时代新闻传播教育 [M]. 北京：中国人民大学出版社，2020.

[25] 管琼. 众媒时代新闻传播转变研究 [M]. 北京：中国原子能出版社，2020.

[26] 耿思嘉，高徽，程沛. 新闻传播与广告创意 [M]. 长春：吉林人民出版社，2019.

［27］孙江. 传媒法与法治新闻研究［M］. 北京：中国国际广播出版社，2019.

［28］石永军. 中国新闻评论［M］. 武汉：湖北人民出版社，2019.

［29］周振峰. 融媒时代新闻语言研究［M］. 延吉：延边大学出版社，2019.

［30］陈永庆. 现场报道电视新闻的重器［M］. 北京：人民出版社，2019.